普天之下・盡是好書

普天出版家族
Popular Press Family

凌雲 A-Plus Creative Company 文創

Bermuda

超神秘的百慕達三角

徐向東—編著

Mysterious
Bermuda Triangle

詭[illegible]的
魔鬼海域

是飛機的墳場、輪船的墓地，也是死亡的魔窟，從哥倫布時代至今，已經有數不清的飛機、輪船及無辜生命葬送於此……
讓人恐怖戰慄的「百慕達魔鬼海域」，究竟是如何形成的？
又暗藏著多少人類無法理解的秘密？

【出版序】

超神秘的百慕達三角

遇難人員的屍體和飛機、船隻的殘骸何在？空船在海上漂流、刀叉變形、鐘錶失常等等，究竟因何引起？

神秘恐怖的百慕達三角是世界科學的四大奇謎之一，這片散發著魔力的三角形海域，是飛機的墳場、輪船的墓地，也是死亡的魔窟，從哥倫布時代至今，已經有數不清的飛機、輪船及無辜生命葬送於此……

讓人恐怖戰慄的「百慕達魔鬼海域」，究竟是如何形成的？又暗藏著多少人類無法理解的秘密？

從哥倫布時代開始，百慕達魔鬼三角便上演著一連串恐怖的神秘事件，

飛機、輪船、人員時常無緣無故在這裡遇難、離奇失蹤，不明飛行物體和無人駕駛的「幽靈船」不斷在這裡神出鬼沒，再先進的科學儀器也會在這裡突然失靈……

究竟是什麼神秘力量在這片謎樣的海域作祟，使美麗海洋成爲殺人魔窟，不僅一般人匪夷所思，就連科學們也百思不解。

位於大西洋中西部，以百慕達群島、波多黎各島和佛羅里達半島爲三個頂點的三角海域，被人們稱爲「魔鬼三角」或「百慕達死亡三角」。之所以有如此聳人聽聞的名稱，是因爲在這個每邊長爲兩千公里的三角海域中，曾經發生過無數次神秘莫測的船隻和飛機失事事件。

僅從二十世紀以來，發生在這個三角海域一連串令人費解的事實，就足以使人感到怵目驚心。

一九二五年四月八日，日本遠洋貨輪「來福丸」號滿載著小麥等貨物，在百慕達群島附近平靜的海面上航行，卻突然失去蹤影。

一九六三年二月三日，裝備有自動導航儀和先進通訊系統的美國油輪

「凱恩」號駛進這個三角海域後，突然與陸地失去聯繫，這艘設備先進的油輪連呼救信號都來不及發出，就從海面上消失得無影無蹤。

一九七三年三月某日，天氣晴朗，輕波蕩漾，一艘載有三十二人的水上快艇駛入這個三角海域，突然旋轉下沉，不如去向。

航行在這一海域的船隻，常常遭到厄運，那麼飛行在三角海域上空的飛機，情況又是如何呢？

一九四五年十二月五日下午，天氣晴朗，美國海軍第十九中隊的五架「復仇者」轟炸機，由技術精良的駕駛員駕駛，在「魔鬼三角」上空巡航。十五時十五分，五架飛機按計劃應請示著陸，可是基地指揮台卻聽到了飛機上的緊急報告：「……我們好像迷失了方向，眼看就要出事……。」無線電通訊明顯惡化，過了一會兒，指揮部聽到一聲慘叫：「往水裡沉……我們完了！」以後就再也沒有動靜。

「瑪利娜」號水上飛機聞訊起飛，載著全套營救設備，趕往失事地點。可是，十分鐘後，這架營救飛機與基地的聯絡也中斷，再也沒有回去。

一九六八年九月的某一天，一架「C一三三」客機，穿雲過霧進入「死亡三角」海域上空時突然墜落，機上二十七人全部罹難，無一生還。

奇怪的是這些失事的飛機、輪船殘骸和遇難人員的屍體從未找到過。

更令人驚奇的是一九四四年，在佛羅里達半島附近海面上，出現了一艘古巴船「魯比康」號，船上空無一人，只有一隻小狗蹲在甲板上，而船隻和貨物毫無損傷。一九五五年，在這個三角海域附近發現的「凱恩．瑪麗四號」快艇，上面同樣空空如也。

進入「死亡三角」海域的飛機和輪船，也有例外生還的。十六世紀，哥倫布率領的探險船隊在這裡遇上了狂風惡浪，被困了數天之後僥倖脫離險境。一九七〇年，美國國家航空公司一架大型客機飛越「死亡三角」海域上空時，在螢幕上消失了約十分鐘，當這架飛機飛回著陸後，發現機上所有的鐘錶都比地面的鐘錶慢了十分鐘。

更使人不解的是，一九七七年二月，有兩位勇敢的探險家和他們的四個朋友，乘一架水上飛機進入「死亡三角」海面，當他們準備吃飯時，發現刀叉都彎了，機上的鑰匙也變了形，羅盤的指標偏離了幾十度，答錄機的磁帶還錄進了一種噪音。由於他們早有準備，發現了這些怪現象後，立即迅速逃離了這個鬼地方。

上述僅是發生在「魔鬼三角」海域失事記錄的一部分。

幾百年來，一連串稀奇古怪的事件令科學家們百思不得其解。遇難人員的屍體和飛機、船隻的殘骸何在？空船在海上漂流、刀叉變形、鐘錶失常等等究竟因何引起？

是地磁異常造成的嗎？是神秘的海底金字塔的強大能量影響嗎？還是傳說中外星人的殘忍手段？在這裡失蹤的人真的進入了時光隧道，還是被外星人擄走？對於層出不窮的失事案件，能否藉科學方式提出讓人信服的解釋？

或許，這片魔鬼海域裡，正隱藏著人類至今仍未探知的主宰力量。

儘管科學家們提出了種種設想、假說，但至今仍無一種令人信服。看來，要想解開「魔鬼三角」之謎，當需花費更大的代價。

CONTENTS

「萊克斯」號的水手們，親眼看到「拉達荷馬」號正被海浪吞沒，但五天之後，沉船竟然重新出現，像幽靈一般，靜靜地漂浮在海面上。

第2輯 最具誘惑力的危險海域

一艘在百慕達水域失蹤近八年的英國遊艇「海風」號，竟然在原失蹤海面重新出現，且船上的六個人都平安無事。

CONTENTS

第3輯 令人毛骨悚然的失蹤懸案

飛機失蹤案件層出不窮，研究神秘現象的科學家們也無法找出合理原因，直到現在，這些神秘失蹤的飛機去向，依舊是個難解的謎。

第4輯 海底金字塔由誰建立？

藏身百慕達三角區海底下，這座巨大而神秘的金字塔，如果是人工傑作的話，那麼，不但科學史將要作修改，甚至全人類的歷史都要改寫。

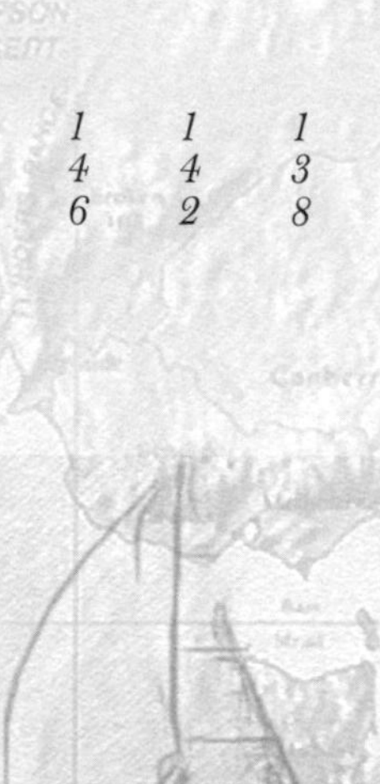

CONTENTS

第5輯　魔鬼三角藏著時光隧道？

要是空間中某特定點的時間速度不同於其他地方，那麼陷入時間陷阱裡的輪船或飛機，就會回到過去或者進入未來世界。

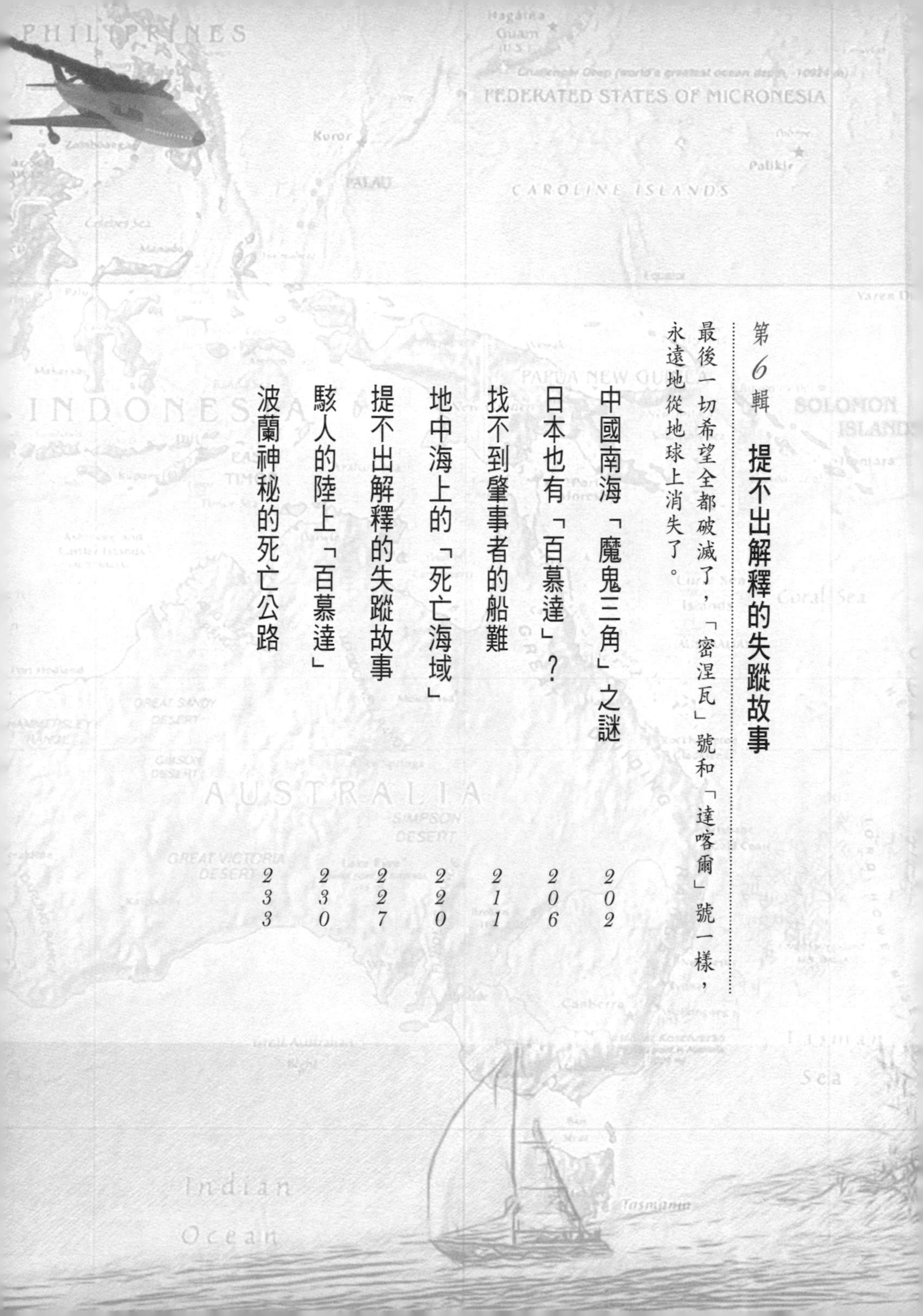

第6輯 提不出解釋的失蹤故事

最後一切希望全都破滅了，「密涅瓦」號和「達喀爾」號一樣，永遠地從地球上消失了。

CONTENTS

第7輯 三角地帶蠢蠢欲動的魔力

潛藏於美國五大湖的這股「魔力」似乎時時蓄勢待發，蠢蠢欲動，想以各種方式伸出恐怖的魔手。

第8輯　超自然的神秘地區

鳥類從不在這裡築巢，牲畜不願在這裡逗留，乳牛從來也不吃這裡的牧草，誰也不清楚這些地方為什麼出現這些超自然的神秘現象。

PART 1.

船隻與飛機的墳場

「萊克斯」號的水手們，

親眼看到「拉達荷馬」號正被海浪吞沒，

但五天之後，沉船竟然重新出現，

像幽靈一般，靜靜地漂浮在海面上。

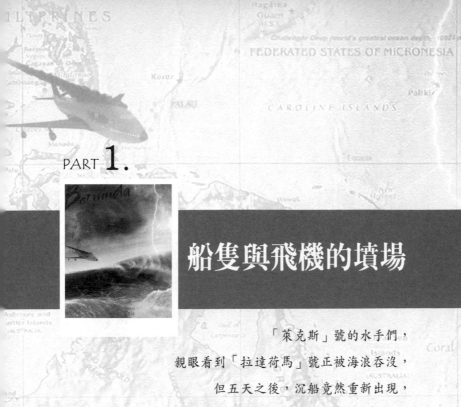

船隻與飛機的墳場

「萊克斯」號的水手們，親眼看到「拉達荷馬」號正被海浪吞沒，但五天之後，沉船竟然重新出現，像幽靈一般，靜靜地漂浮在海面上。

本世紀以來所發生的各種奇異事件，最讓人費解的，大概就數百慕達三角的一連串失蹤案了吧！

所謂百慕達三角，即指北起百慕達群島，西到美國佛羅里達州邁阿密，南至波多黎各的三角形海域。已經有數以百計的飛機與船隻，在這片面積廣達四十萬平方英哩的海面上失去蹤影，再也不知去向。

由於事件迭出，人們賦予這片海域「魔鬼三角」、「惡運海」、「魔海」、「海輪的墳場」等種種令人毛骨悚然的稱號，也更加烘托出特有的神秘恐怖氣氛。

而現在，百慕達三角已經成爲神秘、不可理解的失蹤事件代名詞。地球上怎麼會有這麼一個神奇而無法解釋的角落？一連串不可思議的事情究竟如何發生？難道真有超自然力量在百慕達三角作祟？

層出不窮的失蹤懸案

一九四五年十二月五日，作爲第十九飛行隊的隊長，泰勒上尉率領著十四位隊員，分別駕駛五架復仇者魚雷轟炸機，從佛羅里達州的勞德代爾堡機場起飛，進行一項飛行訓練任務。

當時一切正常，氣候良好，非常適合飛行。任務內容是進行普通的三角形航程，首先向正東方飛過巴哈馬群島，接著轉而朝北，之後沿三角形的最後一個邊線返航。

當飛行隊越過巴哈馬群島上空時，基地突然收到泰勒中尉和飛行員鮑

爾斯的報告，表示羅盤失靈，他們弄不清楚自己的高度。

片刻之後，又斷斷續續收到其他信號，聽來飛行員們似乎都有點慌張，搞不清楚目前的狀況。

不久，下午四點鐘，指揮部聽到泰勒上尉忐忑而顫抖地呼叫：「發生了異常現象！我們不知道為什麼偏離了航向。」

指揮部立刻回應：「報告你們的位置。」

泰勒回答：「我根本弄不清位置，不知道自己在什麼地方！」

指揮部趕緊做出指令：「那麼就先向西飛行。」

泰勒的聲音聽來更慌亂了，他很快地說：「方位儀故障，指標不動。我們已經沒有辦法辨清方向，看到的只有大海。」

基地指揮部當時未意識到問題的嚴重性，因為機上攜帶的燃料仍可應付四個小時飛行，再說泰勒上尉已有相當豐富經驗，應該懂得從隊員中挑選一架儀表功能正常的飛機替代自己，解決問題。

可是十幾分鐘後，基地指揮部又接到令人憂心的報告。

「我們再度迷航，看不見陸地！一切全亂了，連大海也好像和往常不一樣，怎麼回事？而且，我們好像在墨西哥灣上空……」

基地人員全都大吃一驚，他們怎麼會偏離航向飛到墨西哥灣去呢？

到了下午六時，五架飛機仍在盲目飛行，從彼此聯繫並透過無線電回傳的對話聽來，所有儀錶失靈，甚至連天空中西斜的夕陽都沒看見，無從校正航向。最後，終於傳來令基地台心碎的聲音：「完了！我們開始往水裡沉了……」

電波訊號越來越微弱，最後終於完全沉寂。

這時候，時針正指著七點零四分，泰勒上尉連同他的十四名夥伴，以及五架飛機，就此消失。

一切太不合理！太不可思議了！指揮部立刻決定派機尋找。幾分鐘之後，一架共載有十三名機組員的海上搜索機應命起飛，前往戰機群可能沉沒的海域進行搜救。

但不幸事件竟接連發生，這架海上搜索機也失蹤了，就好像被某種神

秘力量吞沒一般，連點聲息都還沒來得及傳回，便悄悄地消失在夜空中。儘管事後有人表示目睹了搜索機在空中爆炸，但真實情況如何，不得而知，唯一可以確定的是不過一天以內，短短幾個小時，美國空軍便痛失了六架飛機、二十七位飛行員，在百慕達三角這片神秘海域。

由於政府當局對這事件予以高度重視，次日便進行了有史以來最大規模的搜尋救援活動。

海軍出動了包括航空母艦在內的二十一艘艦艇，數百艘快艇和汽艇，三百多架飛機，以及佛羅里達海域所有能夠動用的艦船和飛機，搜索範圍從百慕達一直延伸到墨西哥灣，結果卻一無所獲。

按常理分析，若發生事故，海面必定會留下殘骸，或者漂浮的油漬之類痕跡，然而放眼望去，大海依然那麼蔚藍、那麼寧靜，彷彿什麼事情都沒有發生過。負責搜尋救援的軍官沮喪地回報：「天知道發生了什麼，我們根本無法估計或者想像！」

隨著這起不可思議事件的披露，百慕達海域就此出名。而其間不斷上演的不可思議失蹤案件，也越發令人感到恐怖。

一九四八年十二月二十七日晚上十點半，一架DC—3大型民航班機從舊金山起飛，途經百慕達海域上空，地面指揮塔竟聽到機長驚詫的叫聲：「這是怎麼回事？都在唱聖誕歌吶！」

這句話所指到底是什麼？誰都想不透。

二十八日凌晨四點半，班機向地面塔台發出電訊：「接近機場，燈光可見，準備降落。」機場也做好了接受著陸的各項準備，可是一等再等，這架DC—3型班機始終沒有出現——它就這樣在降落前消失了，全體機組人員和乘客無一生還。

前一分鐘還保持著正常聯繫，下一分鐘就徹底消失在這個世界上，整架客機瞬間神秘失蹤，令人百思不得其解。

百慕達三角究竟是個什麼樣的地方？透過五百年前揚帆駛過這片海域的哥倫布的見聞，或許能窺見部份情況。

一五〇二年，哥倫布第四次出航，途經百慕達三角海域。這天，原本

是晴空萬里、風平浪靜的好天氣，突然間狂風驟起，天昏地暗，幾十米高的巨浪像牆一樣朝船隊直撲而來。

水手們齊心協力試圖調轉航向，但所有導航儀器竟全部失靈，連磁羅盤上的指標都偏離了足足六度。船隻完全失控，只能任憑風浪吹打，在海面上漂流。

但哥倫布無疑是幸運的，咬牙撐過幾天幾夜顛簸之後，風浪總算平靜下來，船隻沒有沉沒，一行人也都保住了性命。

一切都被詳細地寫進他的航海日記裡，而在呈給西班牙國王的信中，也談到這次難忘的經歷：「當時，浪濤翻滾，一連八、九天時間，我們看不到太陽和星辰……我這輩子見過各種風暴，可是從來沒遇到過時間這麼長，這麼狂烈的……」

問題在於哥倫布活過來了，所以他的體驗雖然驚險離奇，但至少尚可解釋。我們想知道的是那些沒能僥倖撿回性命的人，於葬身海底之前，究竟經歷了何種恐怖遭遇？

一八四〇年八月，百慕達海面出現一艘法國帆船「洛查理」號。它的船身完整且風帆飽滿，看上去狀況良好，卻好像沒有目標似地隨風漂蕩。路過的船隻感到奇怪，便指派水手划著小船靠過去。

登船之後，發現上面靜悄悄的，一個人都沒有，但船艙裡裝著的貨物完整無損，水果仍很新鮮，糧食也相當充足。船上的人到哪裡去了呢？沒有人能夠解答，唯一健在的生物是一隻餓得半死的金絲雀，可惜牠不能夠說話。

同樣的情形也發生在雙桅船「瑪麗亞．采列斯特」號上，當它於一八七二被發現在亞速群島以西一百海浬處漂浮時，整艘船也是空無一人，但餐桌上還擺著美味佳餚，茶杯裡滿滿盛著沒喝完的咖啡和水，壁上掛鐘正常地走動，裝機油的小瓶子就放在縫紉機台板上。可這一切只能說明船隻沒有遇上暴風雨，卻絲毫不能解釋主人爲何必需選擇棄船而去。

一九四四年，古巴籍貨船「魯比康」號也在同一海域遭遇人去船空的怪事，人們登上這艘漂浮不定的船，只看見一隻狗孤獨地躺在甲板上。

一九六三年，美國籍油輪「瑪林．凱恩」號航行至百慕達海域，當時報務員還向岸上通報說：「航行正常，位置北緯二十六度四分，西經七十三度。」但誰也沒有料想到，這竟是「瑪林．凱恩」號傳給世界的最後訊息，之後它便失蹤了，連一點油漬殘骸都沒有留下。

美國籍貨輪「獨眼」號是一艘長五百四十二英尺，擁有三百零九名水手的巨型貨輪。一九一八年三月，它在裝滿錳礦砂，由巴西返回美國維吉尼亞的途中失蹤。

那一日天氣很好，不存在風浪掀翻船隻的可能，由於當時正值戰爭期間，大多數人推測「獨眼」號可能遭遇德軍潛艇的襲擊。可是戰後，人們查閱了德國海軍的戰時記錄，發現當時根本沒有任何一艘潛艇在其航線附近出沒過。

擁有現代化設備的龐大巨輪，怎麼可能連「ＳＯＳ」求救信號都來不及發出，就此消失在茫茫大海中？

一九三五年八月，又發生了一件令人百思不得其解的怪事。在百慕達三角海域上，義大利籍貨輪「萊克斯」號的水手們，親眼看到一艘美國籍帆船「拉達荷馬」號正被海浪吞沒，並奮不顧身地救起了好幾名落海的水手。但五天之後，不可思議的事情發生了——沉沒的「拉達荷馬」號竟然重新出現在眾人眼前，空無一人，像幽靈船一般，靜靜地漂浮在海面上。

究竟是誰在這裡作怪

既然出現眾多的離奇怪異事件，那麼人們當然要問，究竟是什麼力量在這片海域搞鬼？

一九五一年十月，一艘航行在亞洛爾群島西南的巴西軍艦神秘失蹤了，次日，巴西軍方派出眾多飛機和艦船前往找尋。搜索過程中，一架水上飛機竟然發現海面下潛伏著一個龐大的黑色物體，並且以驚人飛速前進，看上去絕非任何已知的海底生物。

而這天深夜到次日凌晨，有許多人在此一海域看見一道奇異光束，極其耀眼明亮，卻找不出來源。

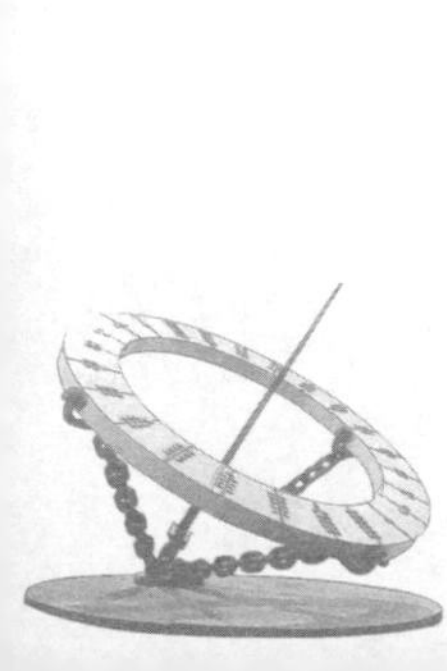

有少數幸運兒在魔鬼三角海域遭難後逃脫，他們的回憶也許能提供部份可供參考的線索。

美國海難救助公司一位船長說，有一次從波多黎各返回佛羅里達途中，船上羅盤指針突然偏移且劇烈擺動，大浪驟起從四面八方打來，非但看不到海平線，且被濃霧籠罩。他當即下令全速前進以擺脫大霧，奇怪的是拚命衝出包圍後，發現海浪並不大，天氣狀況相當良好。水手們都驚恐不已，直稱這輩子從未見過此等怪事。

顯然，這裡存在著某種神秘而強大、看不見的力量。

一九七七年二月，一架水上飛機正通過百慕達三角海域，機上人員突然發現盤裡的刀叉全都莫名被彎曲，羅盤甚至偏轉了幾十度。驚恐之餘，機長馬上全力加速逃離了這個可怕航區。返航後發現，黑盒子錄下了謎樣的刺耳噪音，前所未聞。

噪音從何而來？難道是大海？

又有一位老飛行員分享了自己曾遭遇的怪事。一次，他在百慕達三角海域上方七千公尺高空做夜間飛行。起初一切正常，但接著機翼兩側忽有光芒閃動，不是普通常見的機艙玻璃反光，因爲強烈到讓他幾乎睜不開眼，連儀錶也看不清楚，使整架飛機就像個透明玻璃物體。由於無法視物，他只得放棄手動操作，暫且先讓飛機自動飛行，幸而幾分鐘後，亮光便漸漸消失，一切恢復正常。

漆黑夜空中，怎麼會出現刺眼亮光？

老飛行員答不上來，相信你也答不出來，這就是百慕達三角難解的玄妙。

憑空消失在海上的轟炸機

僅僅幾個小時，佛特勞德達基地就失去六架飛機，以及二十七個飛行人員。沒有人知道在這片海域，究竟發生了什麼事。

一九四五年二月五日，在美國佛羅里達州勞德代爾堡基地，美國海軍第十九中隊的五架飛機，隨著指揮塔一聲令下，於十四點十分飛上天空。這五架飛機分別由五位軍官駕駛，還有其他九位飛行人員。

這五架飛機都是美國海軍格拉姆 TBM-3 型「復仇者」魚雷轟炸機，每架飛機上都裝足了油料，可以飛行一千六百五十公里。

他們這次執行的是「十九號飛行」任務，原定計劃是飛行兩個小時，先往東一百八十公里以後，再往正北方一百二十公里，最後轉向西南方，返回勞德代爾堡基地。這條航線，這幾名飛行員已經飛行了好多次，十分熟悉航線上的各種情況。

執行這次飛行任務的指揮官是查爾斯・泰勒上尉，擁有兩千五百小時的飛行經驗，別的飛行員也都是經驗豐富、技術優秀的老手。

五架「復仇者」魚雷轟炸機飛行到預定高度的時候，泰勒上尉向指揮塔報告：「情況一切正常，發動機的聲音很高，風速不大，適合飛行。」

指揮塔上的人們聽了他的話，心想：「啊！看起來，這將是一次愉快的空中旅行呀！」

沒想到，十五時十五分左右，勞德代爾堡基地指揮塔突然收到泰勒上尉的緊急呼叫：「呼叫指揮塔，緊急事件！我們好像迷路了……我們看不到陸地，我們看不到陸地！」

指揮塔連忙問道：「你們的位置在什麼地方？」

「不太清楚。沒辦法確定在什麼地方，好像迷路了！」

「你們的位置是朝西吧？」

「我們不知道西方在哪裡。不好……奇怪……我們找不出方向，就連海洋都跟平常不一樣了。」

十五時三十分，指揮塔從電訊中聽到飛機上邊有個人呼叫一位叫鮑爾斯的飛行員。於是，指揮塔趕緊對鮑爾斯說：「鮑爾斯，請你報告一下羅盤的指示方向。」

鮑爾斯回答說：「羅盤可能是失靈了。我不知道我們在什麼地方。剛才轉過頭的時候，一定是不小心迷路了。」

接著，指揮塔又呼叫了泰勒上尉，泰勒上尉說：「我們正在尋找基地，我不知道離基地還有多遠。」

「一直往北，就可以看到基地了。」

「情況不對啊！我們剛剛飛過一個小島，現在根本就看不見陸地到底在什麼地方。」

勞德代爾堡基地指揮塔上的人們聽到這種情況，心裡都相信，五架「復仇者」飛機帶的油料那麼充足，就算再飛行四個小時也不會有什麼問題。再說，那些飛行員全都是經驗豐富的空中老手，不會出什麼狀況的。不過，泰勒上尉的羅盤可能是有些故障。於是，指揮塔命令另一架飛機的飛行員代替泰勒上尉，擔任指揮。

同時，也指示五架「復仇者」飛機：「對準正西方，也就是二十七度航向，返回基地。」

十分鐘以後，勞德代爾堡基地指揮塔又接到五架「復仇者」魚雷轟炸機的報告：「我們現在迷失了方向，看不見陸地……到處都看不見陸地，不知道哪裡是西邊，一切都亂了。」

這時候，泰勒上尉也報告說：「現在好像是在墨西哥灣上空，我們對準了三十度航向飛行，四十五分鐘以後再轉向正北。」

指揮塔上的人一聽，感到相當納悶：「哎，如果按照這五架飛機現在的航線，可就距離原來的航線差了幾百公里了呀！他們怎麼會跑到墨西哥灣上空去呢？也就是說，這五架飛機已經失去了控制。」

「到底是什麼原因使得這五架飛機全都失去了控制？不好，今天的飛行可能要出事了！」

想到這兒，指揮塔上的人們頓時緊張起來。

到了十八時，五架「復仇者」魚雷轟炸機就像是無頭蒼蠅一樣，一會兒往西，一會兒朝著西北，胡亂地飛行。而且，五架「復仇者」魚雷轟炸機上的無線電通訊情況也變得越來越糟糕，根本就接收不到勞德代爾堡基地指揮塔發出的指令了。

不過，基地指揮塔上的人們還能聽得見飛機之間的對話。五架「復仇者」魚雷轟炸機上的飛行員的聲調全都顯得驚慌，透過他們的對話，指揮塔上的人們知道五架飛機上所有的導航儀錶全都不起作用。

指揮塔上的人們感到十分納悶，飛機上的飛行員們爲什麼看不見太陽，如果能看得見太陽，就可以判定方向了。

時間一分一秒地過去。忽然，指揮塔上的人們透過無線電，聽見五架「復仇者」魚雷轟炸機上傳來一陣恐怖的驚叫，可是聲音卻顯得特別微弱：

「不好了，我們開始往水裡沉了……完了，完了，我們全都完了。」

到了十九時四分，指揮塔上的人便再也聽不見那五架「復仇者」魚雷轟炸機的半點聲音了。

勞德代爾堡基地不敢再耽擱，趕緊派出一架名叫「馬丁．瑪利娜」號的水上飛機，前去救援五架「復仇者」魚雷轟炸機。

這架水上飛機上一共有十三個人，帶著全套的營救設備，沿著五架「復仇者」魚雷轟炸機最後的位置，仔細地搜索著。

很快地，「馬丁．瑪利娜」號水上飛機上，一個叫凱姆的中尉向指揮塔發來一份電訊，他們測到六公里上空的風勢特別大，但一直到現在都沒有發現那五架「復仇者」魚雷轟炸機的蹤影。

萬萬沒有想到，這是竟是基地指揮塔收到這架水上飛機的最後一份電訊。十多分鐘以後，「馬丁．瑪利娜」號也跟指揮塔失去了聯繫，也就是說，它一樣神秘地失蹤了。從那之後，勞德代爾堡基地指揮塔再也沒有收到這架飛機的任何電訊。

可是，奇怪的是，當天二十時以後，邁阿密的歐拔海軍基地卻聽見了一陣非常模糊的呼叫：「FT……FT……」這是那五架「復仇者」魚雷轟炸機呼叫訊號的一部分，全稱是「FT-28」。

但是，照理來說，在這個時候根本不可能再收到它們的訊號，因爲那五架「復仇者」魚雷轟炸機就算沒有出事，油料也會在十九點的時候用完，又怎麼還會在天上飛行？怎麼還會發出訊號呢？

天越來越黑了，勞德代爾堡基地指揮塔派出的其他搜索飛機只好返回基地，海面上的艦船還在繼續地搜索著。

第二天天剛亮，勞德代爾堡基地再次開始大規模的海上搜索，一共出動了二百四十架飛機，除了「所羅門」號航空母艦上的六十四架支援飛機以外，還動用了四艘驅逐艦、好幾艘潛艇、十八艘海岸救護船，以及其他私人飛機、遊艇、小船，和附近各個軍事基地的配合支援。

這是一次十分嚴密的海上搜索，每天平均動用飛機一百六十七架次，從早到晚在海面上三百公尺高處進行地毯式的搜索，一共搜索了大約九十五萬平方公里的地區，包括太平洋、加勒比海、墨西哥灣的一部分，佛羅里達和附近的島嶼，花費四千一百個小時。可是，什麼也沒有找到，甚至連一塊油漬都沒有發現。

就這樣，僅僅幾個小時，勞德代爾堡基地就神秘地失去了六架飛機，以及二十七位飛行人員。

沒有人知道在這段時間，在這片海域，究竟發生了什麼事。

究竟是什麼神秘力量造成了連串慘劇？至今無解。

無解的飛機瞬間失聯之謎

一般飛機發生事故以後，多多少少都會留下一些殘骸或者油跡，可是這些失蹤的飛機卻全都沒有留下殘骸。

不僅是船隻的離奇沉沒或失蹤，在百慕達三角海域的上空，也接二連三地發生過飛機失蹤事件。

一九四八年一月二十九日，英國航空公司一架名叫「老虎明星」號的飛機，從亞松森飛往百慕達，機上有六名機組人員、二十五名乘客。按照原定計劃，「老虎明星」號應該在當天二十二時三十分飛到百慕達機場。就在它飛到離百慕達機場東北方向一百九十公里的時候，曾經向機場塔台發出了一份電訊說：「氣候和一切情況良好，我們將在預定時間到達。」

百慕達機場指揮塔收到「老虎明星」號的電訊，正想爲它做準備著陸的工作，沒想到電訊突然中斷了。指揮塔上的人耐心地呼叫等待，可是，他們一直沒能再收到「老虎明星」號飛機的電訊，甚至連緊急呼救的訊號都沒有，無聲無息。

第二天天剛亮，百慕達機場派出海岸防衛隊前去搜尋，結果連「老虎明星」號的影子也沒有找到。

第三天，人們在百慕達東北方向發現了幾個箱子和一些油管，如果這些東西是屬於「老虎明星」號的，就說明它失蹤的時候已經偏離了原來的航線好幾百公里了。

「老虎明星」號爲什麼會偏離原來的航線那麼遠呢？這架飛機在失蹤前不久，還和機場指揮塔保持聯繫，不是嗎？

過了幾天，從大西洋海岸一家電台和一家更遠的私人電台，傳來一個消息說，他們在「老虎明星」號失蹤的當天，曾經收到一個奇怪的電訊，

發報者好像不懂得電訊一樣，採用數字方式把電訊發出來的，那些數字拼起來的意思就是「老虎」。

讓人感到更加奇怪的是，有一個救難基地曾經收到一則用口頭發來的電訊，是「G—A—H—N—P」。仔細一查，這幾個字母就是「老虎明星」號的呼號。究竟是怎麼一回事呢？沒有人能夠說得清楚。

一九四八年十二月二十七日夜間十點三十分，一架DC-3型民航班機，從舊金山機場起飛，途中經過百慕達三角海域上空時，地面指揮塔聽到機長傳來的聲音：「這是怎麼回事？都在唱聖誕歌哪！」

二十八日凌晨四點三十分，飛機上發出電訊：「正在接近機場，燈光可見，準備著陸。」機場也做好了接受飛機降落的各種準備工作，但是卻久候不到，這架飛機沒有在機場降落，而是於著陸前就神秘地消失了，乘客與機上人員當然也都隨之失蹤。

一九四九年一月十七日，英國航空公司一架名字叫「愛麗兒明星」號的飛機，從倫敦飛往聖地牙哥。這架飛機和「老虎明星」號是姐妹機，上面一共有七名機組人員、十三名乘客。

它在飛到百慕達機場加完了油以後，於早上七時四十五分的時候離開機場，朝著下一個目標牙買加飛去。

這時的百慕達三角海域風平浪靜，氣候良好，「愛麗兒明星」號在海面上空順利地飛行著。

八時四十分，飛機的機長麥克菲上校按照飛行規則，向百慕達機場指揮塔回報：「我是『愛麗兒明星』號機長麥克菲上校，正飛往牙買加的途中，天氣良好。我們將在預定時間到達牙買加。現在，我正在改變無線電頻率，以便收聽牙買加……」

麥克菲上校的話說到這裡，就突然中斷了。從那以後，百慕達機場再也沒有收到「愛麗兒明星」號的半點訊息。

百慕達機場指揮塔知道大事不好，一邊緊急通知英國，一邊派出飛機前去搜尋救援。一月十八日，美國、英國各出動一架飛機，在百慕達三角海域上空仔細地搜索著。

忽然，兩架飛機的駕駛員同時發現海面上出現了一道奇異的光線，可是，等到他們飛過去一看，又什麼也沒有了。

就這樣，人們連續搜尋了好幾天，還是沒有發現「愛麗兒明星」號的一點蹤影，它就這樣神秘地消失在百慕達。

一九五六年，美國海軍的一架水上飛機，在百慕達三角海域飛行途中忽然消失，接著又有兩架飛機消失在茫茫的空中。

一九六七年二月二日，美國一架客機從佛羅里達機場飛往波多黎各。飛上天空以後，一直跟佛羅里達機場保持著聯繫，飛機的機組人員還向機場報告說：「風速和氣候都很正常，預定下午三點鐘就能到達波多黎各。」

然而，不久這架客機就跟機場中斷了聯繫，從此失去蹤影。

一架又一架的飛機在百慕達三角海域神秘地失蹤了，人們一直弄不明白它們為什麼會遭遇這樣的事情。有人說失蹤的飛機跟風暴有關，可絕大多數飛機失蹤的時候，天氣卻又是很晴朗的。

再說，一般飛機發生事故以後，多多少少都會留下一些殘骸或者油跡，可是這些失蹤的飛機卻全都沒有留下殘骸。

另外，這些失蹤的飛機並沒有故障，有的一直到失蹤的最後一分鐘，都還和機場保持著正常的聯繫，然後幾乎是在一瞬間就不見了，就好像有一隻巨大的手一下子把它們抓走了似的。

百慕達三角海域充滿了解不開的謎團，充滿了恐怖的氛圍，也充滿了令人迷惑的現象，難怪許多人都叫它做「魔鬼三角」、「死亡之角」，看作是可怕的飛機與輪船墳場。

時空隧道穿越奇遇

傑農竭力想確認自己的位置，卻驚恐地發現他的羅盤呈逆時針旋轉，導航儀器也失靈，無法和地面雷達取得聯繫。

「百慕達三角」是世界上最恐怖的神秘地域，不斷傳出飛機、船隻離奇失蹤事件之外，還有神奇得令人難以置信的「時光隧道」存在。

這個魔鬼三角地帶，經常出現神秘的迷霧和疑雲，充滿著各式各樣未解之謎，長期以來一直讓人畏懼。

正是奇怪的，像雪茄一樣的雲霧，讓小布魯斯．傑農回憶起自己在一九七〇年十二月四日一次非同尋常的飛行。

那一天，他和父親駕駛他的畢奇克拉夫特．波那札飛機，從巴哈馬的安德羅斯島起飛，飛向位在佛羅里達的棕櫚灘。

傑農記得，他迅速上升，想避開厚厚的雲霧，然而，雲霧似乎隨機上升，迎面撲來，很快包圍了飛機。

傑農忽然窺見有一條通道穿越雲霧，於是他向下俯衝，希望能沿著通道飛到雲霧的另一端，衝出包圍，重新回到藍天下。

可是，他碰上的是一片非同尋常的雲霧。「雲牆白得耀眼，小小的白色雲朵繞著中心順時針旋轉。」傑農後來回憶道。

飛機飛行的速度似乎快得離奇，有幾秒鐘，傑農和他的父親經歷了一次失重。然後，飛機飛出通道，進入另一片白中透綠的薄霧——不是他先前看見、就在眼前的湛藍天空。

傑農竭力想確認自己的位置，卻驚恐地發現他的羅盤呈逆時針旋轉，導航儀器也失靈，無法和地面雷達塔台取得聯繫。

透過薄霧，傑農看到一座島嶼。他計算了一下飛行時間，心想那一定

是比密尼暗礁。幾分鐘後，才意識到那是佛羅里達的邁阿密海灘。但這怎麼可能呢？預計的飛行時間才過了一半！

在棕櫚灘著陸後，傑農對了對時間，通常需要約七十五分鐘的飛行，這次只花了四十五分鐘，所用的油料也比平時少了十二加侖。

百慕達是地球上最神秘恐怖的海上墳墓，在後來的歲月中，傑農一直認爲自己真是走運，竟然穿越傳說中的時光隧道，卻能夠平安無事。

經歷了一次無法理喻的百慕達三角飛行後，還能活下來向人們講述種種怪異的時間扭曲見聞者，可說微乎其微，傑農確實是個幸運兒。

都是沼氣惹的禍？

科學家認為是沼氣把船「拉往」海底，這理論亦可用來解答大西洋百慕達三角之謎，揭開當地籠罩的神秘面紗。

大西洋的百慕達三角神秘地帶聞名遐邇，現在英國北海也發現一個「新百慕達三角」，權威雜誌《新科學家》報導，航經該處的船隻會突然下沉，飛過該地帶的飛機，也有爆炸的危險。

近來的《新科學家》，刊登了英國森德蘭大學海洋地理學家尤德的研究報告，指出這個神秘區域位於北海的炮台油田附近，該處海底有一個海底沼氣（甲烷）的噴口，名爲「巫婆洞」，大量噴出的沼氣，正是令船隻

無預警沉沒的原因。

科學家利用迷你微型潛艇，在五百公尺深海底的洞口附近發現一艘拖輪的殘骸，認爲是沼氣把船「拉往」海底的證據。

這艘七十五公尺長的鋼製拖輪，估計建於一九三〇年間，殘骸極爲完整，表面毫無破損，也沒有翻側。

尤德說：「那艘船並非船頭或船尾先下沉，而是像坐了升降機，直沉海底。所以我們可以肯定，它不是因爲與他船相撞或船身穿了洞才沉沒的，因爲那會像『鐵達尼號』一樣，其中一頭先入水。」

要解釋這個現象，沼氣極可能是「元兇」。當沼氣大量冒升，會令周遭的海水密度大爲降低，並使浮力大減，輕微者會令船身稍微下沉，嚴重者更會因浮力不足，使船隻在數秒間即沉進海底。

一些科學家認爲，這理論亦可用來解答大西洋百慕達三角之謎，但尤德仍審慎表示未敢肯定。研究人員現正翻查拖輪的沉沒記錄，同時搜集更多的海空難個案，期望藉以揭開百慕達三角的神秘面紗。

科學能否揭開「魔鬼三角」的面紗？

一直以來，科學家都在為解開百慕達三角的謎團而努力，他們不斷嘗試運用各種知識，來解釋發生在魔鬼三角海域的種種怪事。

百慕達三角的怪事層出不窮，以現有科技力量，科學家們提出了種種可能的解釋。在各種解釋中，較具代表性的有以下幾種：

一、磁場說。

只要對所有案例的內容稍加留心，就可以發現羅盤失靈是最常發生的狀況，這使人們忍不住把一切和地磁的異常聯想在一起。此外，失事多發生在月球對地球潮汐作用最強的時候。

地球磁場有兩極，即地磁南極和地磁北極，但它們的位置並非固定，而是不斷地變化。地磁異常容易造成羅盤失準，使機船迷航。

還有種看法認爲，百慕達三角海域的海底藏有巨大磁場，因而能使羅盤和儀錶失靈。

磁場與失蹤案件是否相關？一九四三年，一位名叫裘薩的博士曾在美國海軍的配合下，做過一次相當大膽的實驗。他們在一艘停泊於船塢的軍艦兩側架起機器，輸以相當於一般磁場十幾倍的磁力，觀察會出現什麼情況。

實驗一開始，怪事就出現了，船體周圍立刻湧起綠色煙霧，軍艦和所有官兵竟都憑空消失，直到緊急停止才重新出現。這個驚人的結果到底證明了什麼？今日已無從知道，因爲事後不久，裘薩博士便在沒有做出任何論述的狀況下，莫名其妙地自殺身亡，留下解不開的謎。

二、黑洞說。

黑洞是高磁場超密度的聚吸，發生在大質量恆星生命末期的超新星爆炸之後。它雖看不見，卻能吞噬一切物質，連宇宙間已知速度最快的光都無法逃脫。因此，不少研究學者指出，出現在百慕達三角海域各類機船不留痕跡的失蹤事件，頗似宇宙黑洞現象，捨此實在難以解釋何以能讓巨型物體剎那間消失得無影無蹤。

但怎麼會有類似黑洞的場所存在於地球？對此疑問，支持「黑洞說」的學者尚無法提出合理解釋。

三、次聲說。

聲音產生於物體的振盪，人所能聽到的聲音之所以有低渾、尖銳之分，是由於物體振盪頻率不同所致。

頻率若低於每秒二十次，就是人類耳朵無法聽見的次聲，但值得注意的是，次聲雖聽不見，卻具有極強破壞力。

百慕達海域地形的複雜性，足以加劇次聲的強度，而波多黎各沿岸海底火山的頻繁爆發、海浪與海溫的波動變化，都是可能導致次聲產生的原因。

四、水橋說。

部分科學家認為，百慕達三角海底有一股不同於海面潮水流向的潛流，因為曾有人在太平洋聖大杜島一帶，發現百慕達海域失蹤船隻的殘骸。

當海中兩股不同方向的潮流發生衝突，就導致了海難的發生，而沉沒的船隻隨即又被海底潛流拖到遠處，這就是在失事現場遍尋不到殘骸的原因。

五、晴空湍流說。

晴空湍流是一種極特殊的風，產生於高空。當風速達到一定強度，便會導致風向角度的瞬間改變，而突如其來的劇烈變化又可能伴隨次聲的出現。這種現象也稱為「氣穴」，可以使航行中的飛機激烈震顫，甚至失事墜毀。

六、沼氣說。

這是較新的說法，由美國密西西比大學布魯斯迪那多博士提出。

過往的海底探測證明，百慕達海床下埋藏著混合了沼氣的結晶體，若碰上海底劇烈地殼運動，晶體可能迅速氣化並上升到海面，使海水在短時間內失去浮力。

此時若正巧有船隻經過，便會在極快時間內沉入海底，連空中的飛機也不能倖免，因爲沼氣一遇上高溫的引擎便會燃燒，使飛機瞬間爆炸。

百慕達新探

宇宙中存在太多我們不能理解的神秘，爲了解開謎底，相關人員始終不懈地努力。隨著時間流逝、科技進步，對百慕達三角異常現象的種種解說，仍在不斷翻新、誕生。有的研究者認爲，必定是一種強大的大氣雷射在作祟；有的學者則說，那裡能夠產生突發性的磁場或黑洞；還有人把反常現象的出現與外星人聯想，認爲是他們潛伏在海底，造成一連串失蹤事件。

曾任飛行員，現任亞利桑那州立大學研究員的路易斯．庫謝曾經如此寫道：「美國C十九號大型軍用飛機於百慕達三角區失蹤的時候，正好有太空船在軌道上飛行，太空人詹姆斯．邁克及艾德華．懷特發現一個帶抓

鉤狀設備的不明飛行物，並將它拍攝下來。這個不明飛行物與常見的人造衛星毫無共同之處，誰也說不清那究竟是什麼。難道真有外星力量介入？或者有吞噬飛機的不明物體存在？」

對於百慕達三角的種種異常現象，俄羅斯學者尼古拉．柯洛維亞科夫則另有一番解釋。

他的解釋與「四維」——即時間的進程有關。

根據柯洛維亞科夫的假說，地核並非處於地球中央，受太陽、月亮和其他星球引力的影響，始終在不停地運動。地核旋轉會引起地殼與地核之間岩漿的逆向流動，因而產生電磁場。

此外，由於地球旋轉軸的傾斜，地核會上下移動，夏天在北半球，冬天就移到南半球，因此地核赤道與地球赤道不能吻合，相差約有二十八度，而這塊區域恰恰就是岩漿流的改向口。

由於自身的巨大質量，地核也像地殼一樣具有自己的引力場。如果旋轉的方向相同，即地殼與地核共同構成唯一的力場，此時，地球表面就不會發生重大異常現象。

但當地核向另一極移動，或者地核旋轉與地殼不能吻合時，異常現象就發生了。好比平靜湖泊中突然冒出一股激流，地殼下軟流的岩漿會開始像湖水漩渦似地環繞上漲，竭盡全力要把沉睡的地殼攪個天翻地覆，這就是可怕的引力旋渦。

柯洛維亞科夫認爲，百慕達三角所有詭異現象的謎底就在於此。一旦引力漩渦產生作用，光和無線電波都無法傳遞，陷入其中的船隻或飛機必然失去動力，束手無策，最終墜落沉沒。若離漩渦中心較遠，則可能逃過一劫，但是會產生羅盤失準、儀器故障等怪現象。

一直以來，科學家都在爲解開百慕達三角的謎團而努力，他們不斷嘗試運用各種知識，解釋發生在魔鬼三角海域的種種怪事。

可惜的是，以上種種說法，無論誕生年代之先後，立論詳盡與否，都僅是透過實驗與文獻研究建立的假說，未經實地實際驗證，且只能解釋某種現象，尚無法全面性地揭開百慕達三角之謎。

PART 2.

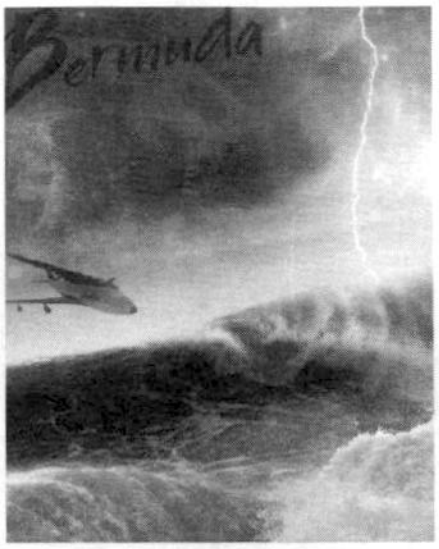

最具誘惑力的危險海域

一艘在百慕達水域失蹤近八年的
英國遊艇「海風」號，
竟然在原失蹤海面重新出現，
且船上的六個人都平安無事。

深海底的異常磁氣

百慕達海域之所以會一再發生船隻、飛機失蹤或遇難的事件，難道都與金字塔所發出的異常磁氣有關？

早在哥倫布的時代，百慕達三角就被視為地球上最危險、最恐怖的「魔鬼地帶」，一向有「魔海」、「海洋墓地」之稱。

百慕達海域之所以被船員與航海人士視為畏途，是因為在這片海域中，自古以來就不斷地發生大小船隻失蹤的怪事。

在科學未發達的時代，發生船隻失蹤事件，或許尚沒有可疑之處；可令人百思不解的是，在科學昌明的近代，儘管百慕達海域失蹤的船艦上，都擁有精密的儀器，卻幾乎都是在沒有發出ＳＯＳ求救信號下，突然消失不見。

神祕的百慕達三角海域，成了舉世聞名「謎樣的失蹤空間」。

致使百慕達一舉成名的，是第二次世界大戰後，此地區相繼發生的離奇飛機失蹤事件，讓美蘇兩大強國震驚不已。其中最著名、最具震撼性的，就是「飛行十九號事件」。

一九四五年十二月五日下午兩點左右，美國空軍五架飛行十九號編隊的飛機，自佛羅里達州的勞德代爾堡海軍航空基地起飛。

午後三點十五分，基地的管制塔，突然接到編隊長查理．泰勒上尉發出緊急呼救的通訊，內容是：「我們現在完全看不到陸地，也分不清方向，海面情形也與以往大不相同。」

接著，查理．泰勒上尉又留下一句令人難解的話：「每架飛機的儀器都已經錯亂失控，我們好像闖進一片白色的恐怖水域中，完全迷失了。」

下午四點二十五分，泰勒上尉與十四名機員就此失去音訊。

另一方面，當軍方接獲飛行十九號小隊的呼救後，立刻發出紅色警戒訊號，派出水上飛機前往救援。但是，更恐怖的事情發生了——水上飛機起飛數分鐘後，十三位機員同樣就此杳無音訊。

美國軍方百思不解，當時的天候狀況頗佳，各項條件都符合飛行，但是卻有六架飛機，共計二十七名機員遭遇不測。

事後，陸海空三方面曾經進行大規模搜索，卻未發現到任何機員遺體、機體碎片與任何遇難痕跡。換句話說，這些機員與飛機就像蒸發一樣，離奇地從地球上消失。

百慕達海域中，類似「飛行十九號」失蹤的事件，可說是層出不窮。如果說北美五大湖是專門吞噬船隻的魔湖，那麼，稱百慕達海域是專門吞沒飛機的魔海，絕不為過。

更令人難以理解的是，百慕達海域還發生過只有船員失蹤，船隻卻安然無恙漂流於海上的情形。

一八七二年十一月四日，一艘名為「塞勒斯特號」的船隻，被人發現在亞速群島北方漂流。

當附近海域航行的船隻發現「塞勒斯特號」時，船帆仍完好如初，船上也有充分的水與糧食，而且桌上仍留下吃了一半的食物，絲毫沒有遭遇危難而棄船逃生的跡象。但是，包括船長、船長夫人、兒子與七名船員在內的所有人，卻不見蹤影。

有人認爲他們消失在時光隧道裡，有人認爲他們被某種超自然的神秘力量吞噬，總之，此類人員莫名失蹤、船隻卻完好的怪異事件，在百慕達海域已經司空見慣。

一九七四年四月三日，豪華的「伊莉莎白二世皇后號」輪船，在航行於百慕達海域時，突然停止不動，失去動力，導致整艘船無法繼續前進，所幸全部人員都安然獲救。

爲了解開神秘失蹤之謎，一九七七年夏天，美國海軍與蘇聯艦隊聯手，共同調查百慕達海域。這次行動的主要目的，是調查這個海域是否有「磁氣異常」的現象，但卻未發現任何異常。

不過，根據氣象衛星與海洋衛星的探查結果，發現到百慕達海域擁有「異常凹陷」現象，而且有關人員也偵測到這一帶的磁氣與動力確有異常。

後來，根據有關人員進一步行動，結果由聲納探測得知，這塊神秘的海域中，似乎擁有至少一座海底金字塔，而且這種金字塔很可能是一種會使地磁氣增加，並足以產生強大能量的裝置。

有人認爲這座金字塔是亞特蘭提斯文明的遺物，也有人認爲它是馬雅金字塔陸沉的結果。百慕達海域之所以會一再發生船隻、飛機失蹤或遇難的事件，難道都與海底金字塔所發出的異常磁氣有關？

也有人認爲與幽浮、外星人或海底帝國有密切的關係，但是至今研究學者仍未發現具體的證據，以支持此類假設。

未解的時空錯置之謎

莫名其妙地失蹤的船艦和飛機究竟到哪裡去了？難道真的存在著神秘而特殊的「時光隧道」，或者不同於其他地方的「空間結構」？

從很久以前，百慕達海域便有一個別名——「輪船墳場」。

美國郵輪「凱恩號」，配備有先進的自動導航和通訊設備，一九六三年二月三日，在平靜的百慕達海面航行途中，突然中斷了與陸地的無線電聯繫，連呼救信號也未及發出，就失去了蹤影。

後來，美國兩艘核子潛艇也在百慕達海域消失得無蹤無影。

一九四五年十二月五日，美國海軍五架「復仇者」式海上魚雷轟炸機，

在返回基地途中，竟一同消失在百慕達海域上空。這五架轟炸機失蹤前，曾向地面指揮塔傳送了一連串令人費解的談話：「我們不知道自己在什麼地方……好像迷失了方向……」

「……就連大海也變了樣子……進入了白色水域……」

「羅盤發瘋似地旋轉……我們完全迷失了……」

飛機失蹤後，最高軍事當局動員了大規模的艦船和飛機，對百慕達海域在內近二百萬平方公里海陸範圍進行了嚴密搜索，然而，連一點失事跡象或轟炸機殘片都未找到。

更怪異的是，就在五架轟炸機於百慕達海域失蹤的數小時後，仍有一個設在邁阿密的美國海軍航空基地，收到了發自失蹤飛機的微弱信號。

這些莫名其妙失蹤的船艦和飛機，究竟到哪裡去了呢？

難道百慕達海域真的存在著神秘而特殊的「時光隧道」，或者不同於地球其他地方的「空間結構」？

一九六八年，美國航空公司一架大型客機穿越百慕達海域時，竟在地面雷達螢幕上失去蹤影長達十分鐘之久，爾後它卻安然無恙地降落在邁阿密機場，比預定時間更快。

機上人員雖未遭遇任何奇怪事情，但飛機上所有的鐘錶都比陸上慢了十分鐘。根據相對論，只有飛機加速到接近光速，這種情況才有可能發生，但以現今科技來看，根本是不可能的事。

一九七七年二月，一架水上飛機載了五名乘員進入百慕達海域進行現場考察，當一行人在機艙內進晚餐時，突然發現刀叉變彎，機上鎖匙變形，羅盤上指針偏離了幾十度，錄音磁帶中甚至出現了奇怪噪音。

面對此種莫名情景，考察人員自然疑竇叢生，但也只能狼狽地逃離現場，做不出任何解釋。

一連串詭譎失蹤事件的相繼出現，加深了研究者們的猜疑，也使得百慕達三角海域益顯神秘。

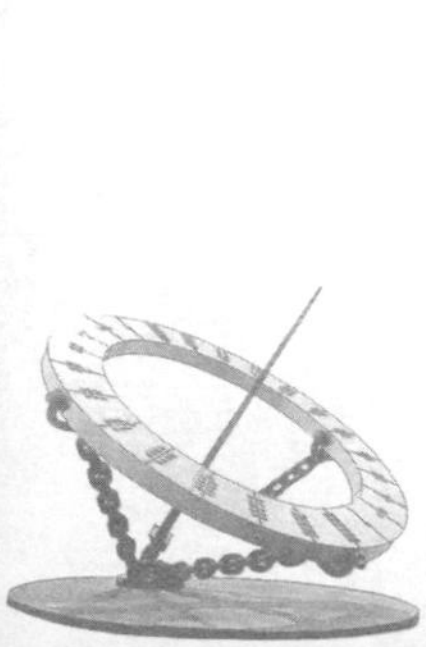

最具誘惑力的危險海域

一艘在百慕達水域失蹤近八年的英國遊艇「海風」號，竟然在原失蹤海面重新出現，且船上的六個人都平安無事。

一九八三年，有名女嬰出生在百慕達海域，一艘由巴哈馬群島駛往邁阿密的郵輪上。十幾個月後，容貌竟變得相當怪異，而且擁有用目光移動物體的超常能力。數年來，她一直接受聯邦德國心理學家比爾博士的研究。

一九八六年九月，美國佛羅里達州一位四十五歲的漁民，在百慕達海域遇到風暴，漂流了兩星期後獲救。不過，獲救後不到一個星期，他的外表發生明顯變化，臉上的皺紋消失，黑髮復生，變得像二十多歲的年輕人一樣。後來，他被送進醫院檢查，卻找不出原因。

一九八八年，一對瑞典夫婦乘坐遊艇在百慕達「魔鬼三角」行駛，於大巴哈馬島附近，遊艇發動機自動熄火，緊接著，慢慢地被吸入海域中心水域，眼前但見一片藍霧籠罩。

根據這對夫婦事後描述，在這片藍霧中，他們聞到一股異香，聽見空中傳來爆裂聲，船上的雷達及其他儀錶完全失靈，指南針胡亂轉來轉去。但是，幾分鐘後，遊艇居然漂出藍霧的包圍，到達百慕達三角海外，發動機、雷達等一切設備也恢復了正常功能。

有趣的是，經過神秘的百慕達經歷之後，這對夫婦的智商都明顯上升。丈夫基爾維斯丁原本的語文能力頗差，可是後來居然可以看懂法文雜誌，不久又很快學會了好幾門外語，成爲外語學習上的「奇才」。

至於他的妻子瓦洛莎，以前連基本的加減乘除都弄不太清楚，後來竟可以解答相當複雜的數學難題，連她本人也爲自己突然成爲「數學通」而深感意外，說不出所以然。

負責對這對夫婦進行訪談、測試的科學家，絞盡腦汁仍找不出這樁奇事的謎底，只能大嘆不可思議。

一九八九年，一艘在百慕達水域失蹤近八年的英國遊艇「海風」號，竟然在原失蹤海面重新出現，且船上的六個人都平安無事。

只是，他們對消逝近八年的時光毫無記憶，都感覺自己並未消失，因此他們無法回答曾遭遇的神秘際遇。

除了危險的一面，百慕達海域似乎也正悄悄地展示它的神奇一面。可以這麼說，它是最危險的海域，同時又是最具誘惑力的海域。

爲什麼百慕達海域能能夠造成人體生理與智能上的變化？爲什麼船隻能夠消失而又再現？

難道果真有什麼超自然的力量存在嗎？抑或，百慕達「魔鬼三角」是地球上最神秘的重力或時空變異區？

凡此種種，都還無人能提出解答。

死而復生的驚異傳奇

傳說中，百慕達三角經常發出不可思議的力量，令飛機失蹤、船隻沉沒，甚至使人類死而復活。

百慕達三角海域曾經發生許多神秘和不可思議的事，一九八九年更出現一宗科學難以解釋的離奇怪事——一艘巴拿馬籍漁船，在百慕達三角附近發現了一名「死而復活」的男子。

漁船在百慕達以南七十五英哩作業時，發現一個白色帆布袋在海面漂流，船長命船員將它打撈上來，打開一看，裡面赫然是一名活生生的男子。

他的模樣並不很老，可是這位自稱米高維爾．奇恩的男子卻說，自己

於一九二六年，也就是六十三年前死於癌症。

後來，他被送往百慕達醫院，然後又轉往蘇黎世精神中心，醫學家和科學家都試圖找出他「死而復生」的原因，但是毫無結果，也沒有精神異常現象。

對他進行長期研究的詹森醫生說：「他何以能死而復生？這個問題，有待比我更聰明的人來解答。」

不過，有一點是肯定的，奇恩的癌症已經完全痊癒。到底他是怎麼度過這六十三年？他本人對這個問題也不能清楚解釋。

他說，自己死後對一切感到很模糊，如何度過數十年他一無所知，只知道恢復知覺時就被人救上漁船。

人們對這位「死而復活」的男子，產生莫大的懷疑和興趣，因為傳說中，百慕達三角的海底有神秘的外星人出沒，又說有萬年前超文明古國亞特蘭提斯沉落於海底，因此經常發出不可思議的力量，令飛機失蹤、船隻沉沒，甚至使人類死而復活。

這個自稱死於六十三年前的男子，有人懷疑他是外星人所假扮，借奇恩的屍體還魂，可是又找不出足夠的證據來證實。

後來追查資料，確有奇恩此人，於一九一八年移居百慕達群島，一九二三年患癌症，要求死後海葬。

一九二六年三月廿四日，他的妻子執行了他的遺願，把他裹在帆布袋中，拋進百慕達南方的海裡。想不到，數十年後他竟復活。

可儘管如此，人們找不到他的親友來證實，因爲已事隔六十三年，他們早就已經全部不在人世。

使羅盤失靈的神秘力量

百慕達海底藏著鐵礦，或許可以解釋羅盤失靈的原因，但無形大手般的力量又是怎麼回事呢？這個疑問，尚無人能回答。

在美國東南沿海的大西洋上，有一片神秘海域，在那兒曾發生過無數離奇事件。特別是從一九四五年後，這片海面上不斷有飛機失蹤和輪船遇難，至少讓一千多人葬身於海底。

這個地區，就是大名鼎鼎的大西洋百慕達三角，它像可怕的地獄之門，不時傳出遇難者慘烈的呼叫，傳出一個接一個的噩耗，也傳出許多令人瞠目結舌的奇聞。隨著時間的推移，它變得越來越恐怖且神秘，於是，人們爲它取了一個可怕的名稱──「魔鬼三角」。

亨利船長是從魔鬼三角中逃生的少數倖存者之一。每當他回憶起那段可怕的經歷，依然心有餘悸。他在敘述自己的遇險經歷時說：「當時，有一種未知的強大力量，差一點把我拉進死亡的漩渦。」

「那是在一九六六年，我指揮一條兩千馬力的拖船，駛進百慕達三角。這天恰巧是個好日子，萬里晴空，陽光明媚。上午，我正待在船艙裡，悠閒地翻閱著書報，突然間，聽見外面人聲嘈雜，亂成一片。我奔到駕駛台，只見羅盤上的指標沿順時針方向快速旋轉。我從沒遇到過這樣的反常情況，僅僅從書本上知道，如果河底或海底有鐵礦，會引起羅盤亂轉。當時，我不知道出了什麼事，但有一點可以肯定，眼下發生了重大情況。」

「果然，我轉眼向外望去，周圍的大海似乎變了樣，海水好像從四面八方湧來，根本看不清水平線在哪兒，到處是模糊一片，海水、天空和地平線混成了一體。」

「我開足馬力拚命向前，不管是朝哪個方向，一心只想儘快逃離這個

可怕的地方。這時候，周圍突然出現了濃霧，幾公尺之外什麼也看不見。我真不明白，大晴天怎麼會有霧？還沒容我更深入地思索，新的怪事又發生了：船的速度突然大大減慢，彷彿有一隻無形的手，要把船隻往回拽。我的船和這股未知的力量僵持著，一個要向前開，一個要往回拽，如同一場生與死的『拔河比賽』。最後，我們的船終於獲勝，擺脫了未知力量的控制，一頭從濃霧中鑽出。」

「到了外面，世界又恢復到本來面目，晴空萬里，陽光燦爛。這真是不可思議的事情，簡直就像到地獄中遊覽了一回。」

百慕達海底藏著鐵礦，或許可以解釋羅盤失靈的原因，但無形大手般的力量又是怎麼回事呢？這個疑問，尚無人能回答。

哥倫布的百慕達奇遇

船上的儀錶又恢復了正常，但奇怪的是，指北針不再指北，竟向西北方向偏了六度。

百慕達三角海域，是以美國佛羅里達半島和加勒比海的波多黎各島以及百慕達群島三點，連成一個想像中的三角形區域，被人們稱爲「魔鬼三角」或「百慕達三角」。輪船和飛機在這裡常常無緣無故地消失，不留下任何痕跡，或者船上全體海員神秘失蹤，無人駕駛的「鬼船」漂來漂去，奇怪和反常的光和霧忽散忽現，羅盤狂轉不停，無線電收發失靈。

有人統計、從一八四〇年到現在，飛機和輪船在百慕達三角海域發生

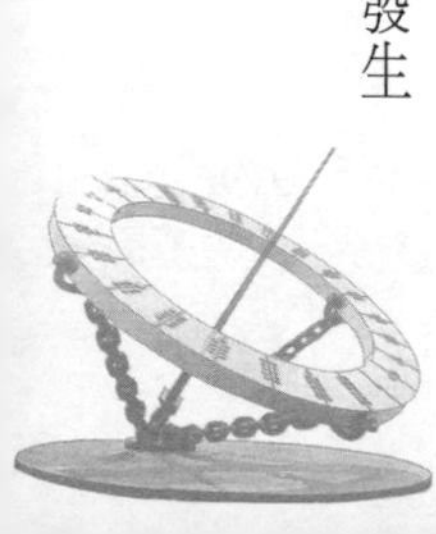

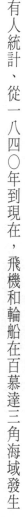

意外事故不下千餘起。僅以距離美國佛羅里達海岸二十五英哩以內海域統計，就有一千二百餘人喪生，而且多死不見屍。

多年來，這一連串的「怪事」引起了各國科學家不遺餘力的探索，究竟是何「妖」作怪？但直至今日，誰也沒能握到打開這個謎的鑰匙。

魔祟迭生的「百慕達三角」，仍是當今世界奇謎之一。

哥倫布是舉世聞名的義大利航海家，他相信地圓說，曾多次舉帆漂洋過海，到過非洲、亞洲和美洲，一生最大的貢獻就是發現了美洲新大陸。

一五〇二年，他率船隊第四次出海，也正是這次航行，使這位個性堅毅、執著，具有豐富航海經驗的水手兼航海家受盡了驚嚇，飽嘗風浪之苦，甚至還險些葬身魚腹。

原來，這次航行駛入百慕達三角，有一番恐怖的遭遇。

起初，哥倫布的船隊駛入大西洋這一魔鬼海域時，天氣晴和，陽光明媚，海水蔚藍，風平浪靜，上有海鷗飛翔，下有船頭激浪，好一幅詩情畫意景象。正當大家心曠神怡，沉浸在這大自然的傑作時，突然，狂風大作，小山般的惡浪向船隊撲來。

船隻像敲鼓般顛簸在風浪中，十分危險。哥倫布憑藉豐富的航海指揮經驗指揮船隊與風浪搏鬥，此時，更爲不幸的事發生了——船員報告，船上所有儀器儀錶全部失靈，沒有導航儀，完全失去控制。

強烈的求生欲望使哥倫布和船員們頑強地、幾晝夜不停地與海浪搏鬥，此時他們已看不到日、月、星斗，辨不清南北東西，海天一片，人的體力和精神幾乎都到了崩潰的邊緣……

說來也怪，就在這危機時刻，四周突然平靜下來，一切又恢復了正常狀態，風不吹，海不狂，風平浪靜。船上的儀錶又恢復了正常，但奇怪的是，指北針此時不再指北，竟向西北方向偏了六度。

這一險惡經歷，自然記錄在他的航海日記上。在哥倫布給西班牙國王的信中寫到：「……一連八九天，我兩眼看不見太陽和星辰……我這輩子見過各種風暴，可是從來沒遇到時間這麼長、這麼狂烈的。」

哥倫布對這次遭遇的記載，是目前所見關於百慕達三角區奇異事件最

早的資料。根據記載，他們在這裡遇上了幾天幾夜的強烈風暴，同時船上磁羅針的指標指向偏西北六度，哥倫布從這裡第一次發現了磁差現象。除此以外，他還第一次發現這個地區在氣象方面的異常現象，如氣候變化十分迅速，並有狂烈的熱帶風暴。

這些意外事件發生的特點是突發性、隨機性，並非每船必險。而且失事前儀錶失靈，並反應出有磁異常性。

是什麼道理？專家們正在努力破譯這迄今最大的未解之謎。

突然自己變老變醜的詭異畫像

有許多專家試圖研究究竟是何種因素造成畫像自動變老變醜，但是一直無法理解這種超自然的神秘現象。

世界上讓人百思不解的超自然神秘現象不少，但是誰能相信，一艘橫越神祕的百慕達三角海域的船隻中，一幅年輕貌美的女子畫像，竟然在十五天之內變成又老又醜的老太婆畫像？

畫像中的人物是這艘船的女主人，事發當年二十七歲。後來，她因此而發瘋，立刻被送入波多黎各的醫院。

這件事的始末是由她的主治醫師，一位精神科醫師透露給某報社記者

後才公開的。不過，基於保護當事人原則，報社對於事件男女名字及醫生名字都加以隱瞞。

報導指出，這對夫婦是從法國的馬賽港經由里斯本前往百慕達，充分享受爲期二個月的假期。

就在這段期間，擔任船長的丈夫請船上一位畫家繪製這幅畫，以做爲妻子的生日禮物。

在肖像畫完成後，最初二天一切都很正常，然而到了第三天，正在掌舵的丈夫忽然聽到妻子的尖叫，他立刻趕往船艙一探究竟，卻發現妻子張口結舌、瞠目直視掛在牆上的肖像。

原來，妻子的尖叫是有原因的，畫中已有所改變，彷彿變老了，原本烏黑亮麗的頭髮，竟然夾雜幾許灰白，有如嬰兒般光滑細緻的肌膚也出現一些皺紋，豐腴的臉龐也顯得削瘦；總之，原本是二十七歲的女士卻變成五十歲的老婦人。

她的丈夫在驚慌之餘，身體也忍不住的顫抖，不過他仍強自鎮定的安慰妻子，解釋說很可能是因爲海風太大，才使得圖畫受損，因此他便把這幅畫拿到其他的房間內，以免受到海風的侵襲。

他每天都去看這幅畫，但是，很明顯的，而且讓人感到恐怖顫慄的是，畫中人卻日益老邁。

到了第十二天，當他看這幅畫時不禁更加膽顫心驚，因爲呈現在眼前的是一幅牙齒脫落，且滿佈皺紋的老太婆畫像，在幾乎禿掉的頭頂上，尚垂著散亂不堪的幾綹頭髮。

就在此時，背後傳來一聲驚恐的尖叫聲，原來他的妻子不知何時已隨他進入室內，也看到這幅詭異的畫像。原本呆若木雞的妻子，不久後便因強烈的恐懼而精神失常，持續發出尖叫，並且有點歇斯底里。

後來，有許多專家試圖研究究竟是何種因素造成畫像自動變老變醜，但是一直無法理解這種超自然的神秘現象。

PART 3.

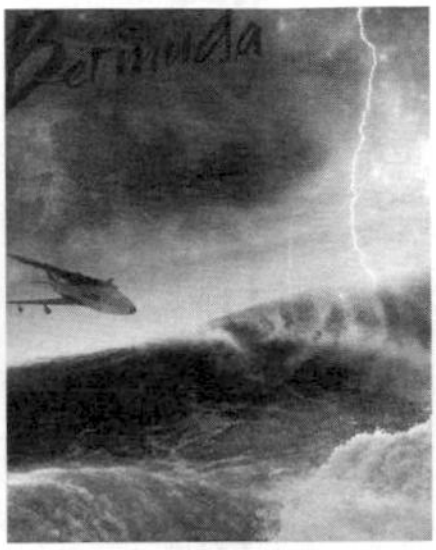

令人毛骨悚然的失蹤懸案

飛機失蹤案件層出不窮，
研究神秘現象的科學家們也無法找出合理原因，
直到現在，這些神秘失蹤的飛機去向，
依舊是個難解的謎。

吞噬活人的恐怖海域

令人茫然不解的是，為何失事時，船身及船上各種設備以及物資都完好無缺，只有人員下落不明？

一八四〇年八月，一艘法國帆船「洛查理」號正在百慕達海域航行。這艘船揚著帆，而且風帆飽滿，說明航行順利。令人感到迷惑的是，它卻好像沒有目標似地在海上漂浮著。

其他船的船員感到奇怪，便划著小艇靠過去。他們發現船上靜悄悄的，上船後才知道上面空無一人，但貨艙裡裝著的綢緞等貨物完整無損，水果仍很新鮮，沒有被碰過。爲什麼船上的水手都跑光了呢？沒有人能夠解答。

唯一健在的生物，是一隻餓得半死的金絲雀，可惜牠不會說話。

到底船上發生了什麼事，沒人知道，但任誰都相信這艘船一定是碰上了非常不可思議的事情。

一八七二年，這一帶海面又發生了一件怪事。

一艘雙桅船「瑪麗亞采列斯特」號，在亞速群島以西一百海浬的地方漂浮。當它被人們發現時，船上又是空無一人，而船艙的餐桌上還擺著美味佳餚，茶杯裡還盛著沒喝完的咖啡和水，壁上的掛鐘正常地走動，縫紉機台板上放著裝機油的小瓶子。

這一切除了說明這艘船沒有遇到風浪之外，絲毫不能解釋它的主人決定棄船而去的原因。

諸如此類事件，還有更加奇特的。

一八八一年，一艘美國的四桅船「埃林奧斯丁」號在百慕達三角航區航行中，發現了一艘停在海面的四桅帆船，旗手向這艘船發出詢問信號，卻沒有任何反應，於是「埃林奧斯丁」號船長指示靠近這無聲息的船，打

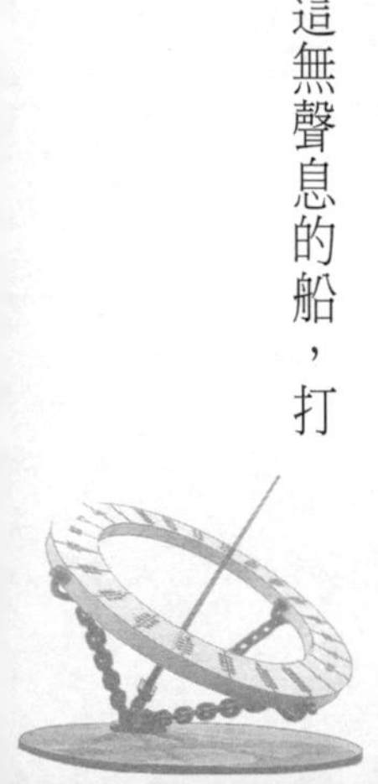

算探個究竟。靠近後，才發覺船上沒有人。

「埃林奧斯丁」號船長派出幾名有豐富經驗的水手過去察看，經過仔細檢查，發現船上的所有設備均完好無損，甚至連船上人員使用的生活用具也保存得很齊全，那麼人是怎麼失蹤的呢？

誰也弄不清楚到底出了什麼事，於是「埃林奧斯丁」號船長命令這幾名水手把船一同拖回去。

然而，就在剛要啓航時，平靜的海面卻突然狂風大作，惡浪一下子便把兩艘船沖散了。

兩天以後，那艘無人船又在海面上出現，但是先前派上去的幾名水手卻神秘地失蹤了。「埃林奧斯丁」號船長再次派出幾名水手登上那艘船，仍然打算把它開回去詳細檢查一下，好把人員失蹤的原因弄個水落石出。

誰知，這幾名水手上了無人船以後，就像受到魔咒一樣，剎那間又是狂風四起，把兩艘船吹散，並且這次連人帶船從海上蒸發，完全無影無蹤。

令人茫然不解的是，爲何失事時，船身及船上各種設備以及物資都完好無缺，只有人員下落不明？

十七世紀中，人們認爲，這種不可理解的事件是由於海盜作怪，劫持了船上的人員而丟棄了船。可是，照這麼說，海盜爲何只劫持人，卻對船上那些順手可得的貨物錢財毫不動心？何況，自從十九世紀以後，海盜在百慕達海域幾乎絕跡，船舶失蹤的事件卻有增無減。

一九四四年，古巴貨船「魯比康」號同樣遇到了船在人亡的事件，當人們發現這艘漂浮在海面上的船時，只有一隻狗孤零零地臥在甲板上，可惜牠無法訴說主人究竟遭到了什麼不幸，流落到何方。

也常傳聞船舶航行至百慕達三角遇到意外情況，往往在發出呼救信號後不久，甚至還沒來得及呼救就神秘失蹤了，連一點殘骸也沒有留下。

美國籍貨輪「獨眼」號是一艘長達五百四十二英呎，擁有三百零九名水手的巨型貨輪。一九一八年三月，它在於巴西裝載錳礦砂，返回維吉尼亞的諾福克的途中失蹤了。

當天天氣很好，不可能遇上風浪翻船的意外。有人推測說當時正值戰

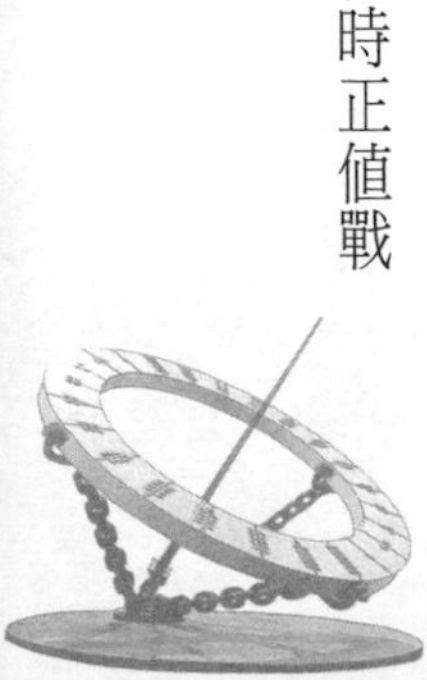

爭時期，「獨眼」號很可能遭到德軍潛艇的襲擊。可是戰後人們查閱了德國海軍的戰時記錄，發現當時沒有德國潛艇在航線上出現。

如此龐大的一般巨輪，又有無線電通訊設備，怎麼會連「SOS」的信號都沒發出就失蹤了呢？

一九二五年，一艘日本遠洋商船「來福丸」號滿載貨物從波士頓港開出，離港不久，發現北方出現了強烈的低氣壓，威脅到航行。船員把羅盤的刻度轉向南方，企圖改變航向，從百慕達群島旁邊，開進平靜的海域，躲過北方的低氣壓威脅。

但不久後，某個海軍基地突然收到「來福丸」號發出的呼救電報，電報說：「危險迫在眉睫，已無法逃脫，請迅速救援！」基地收到訊息後，立即派出救援船趕去出事地點，到達後卻再也找不到「來福丸」號的蹤跡。

有人說，船舶在海上失事不足爲奇，何況，當時科學技術水準有限，儀器裝備也比較落後，發生事故後，人們自然無從尋求失事的原因。

然而，即使在科技發達的現代，裝備現代化的船隻在百慕達三角突然失蹤的事件，仍時有所聞。

一九六三年二月二日，美國「瑪林凱恩」號油船例行出航。這艘船上配有現代化的導航儀器及先進的通訊設備，出航的第二天，船員向海港報告說：「油船已正常地航行到北緯二十六度四十分、西經七十三度的海面上。」

然而誰也想不到，這卻是「瑪林凱恩」號油船發出的最後一份報告。此後，這艘船便無聲無息地失蹤了。就好像掉進了黑洞裡，事後搜尋，海面上竟連一滴油也未見到。

航行在百慕達海域的船隻，時常碰上種種神秘事件。爲什麼船上各種設備完好無缺，而人員卻下落不明？爲什麼在發出求救信號不久之後就失蹤，連殘骸也找不到？有的船甚至連信號都還沒發出，就這樣莫名消失了？種種疑點在科技進步的今天依舊無解，爲百慕達三角更添謎樣色彩。

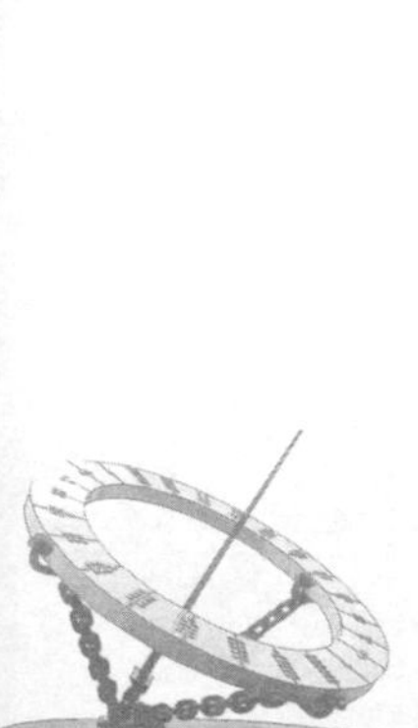

神秘詭譎的無人船

到底是什麼原因造成這麼多沒有人駕駛的海上漂船呢?直到如今仍沒有找到正確答案,成了一個難解的謎。

一九八三年夏天,一天下午,委內瑞拉一艘叫作「馬拉開寶」號的貨輪正在大西洋的海面上航行。忽然,船員發現前邊不遠有一艘輪船,在海面上隨著海浪任意地漂流,好像不知道要航行到什麼地方去一樣。

這是怎麼回事呢?

船員趕緊把這個情況告訴船長,船長想了想,立刻命令向那艘輪船靠近。等到他們來到那艘輪船的旁邊,發現它叫「白雲」號,也是一艘貨船,載重量大約二千三百噸左右。

船長讓船員們開著「馬拉開寶」號貨船，圍著「白雲」號繞了一圈，它沒有掛旗子，看不出來是哪個國家的船隻，而且船的甲板上看不見一個人影。船長心裡更加納悶了：「咦，這艘輪船上的人都到什麼地方去了，是不是他們遇到什麼危險了？對，還是趕緊到船上去看一看吧！」

於是，船長便和幾個船員爬上了「白雲」號。

他們爬上「白雲」號，仔細一看，船上的救生艇不見了，甲板上亂七八糟地扔了好幾雙鞋子。

船長立刻對手下的船員說：「你們分頭到廚房、船艙、駕駛室去看一看，有什麼情況馬上向我報告！」

船員們答應一聲，分頭去了。

過了不久，他們陸續回來報告：「報告船長，這船上已經沒有一個人了，廚房裡的衣物全都發霉，船上還有五百箱炮彈。」

船長一聽，心裡感到更加奇怪，立即說：「走，帶我去看看！」

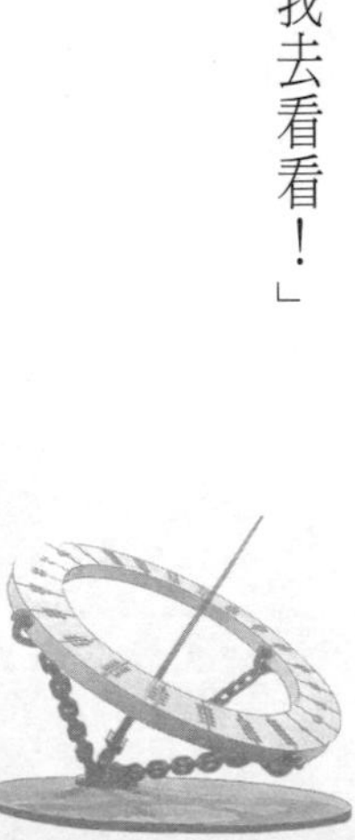

船長在「白雲」號貨船上所有地方看了一遍，果然，廚房裡的食物全都發霉，變成了綠色；無線電室裡的無線電台，上面的轉鈕轉到了求救的頻道上；貨艙裡整整齊齊地擺放著五百箱未開封的炮彈，那些箱子上都貼著一些標記……

船長越看越感到奇怪：無線電台的轉鈕轉到了求救的頻道上，這說明「白雲」號一定是碰到了什麼危險的緊急情況；船上的救生艇不見了，甲板到處都是扔棄的鞋子，這說明船上的人們已經乘著救生艇逃命去了。這艘船到底遇上了什麼樣的危險，導致船員們慌慌張張地逃走呢？

船長和船員們猜想了半天，覺得這艘「白雲」號貨船是一艘運送軍火的貨船，它一定是不知道在什麼地方受到了損害，使得船上燒起了大火，後來，大火又自己熄滅了。

可是，船員們當時以爲這場大火會很快地蔓延起來，若是引起炮彈爆炸，整艘船都會被炸得粉碎，船上的人一個也別想活命，所以就急忙跳上救生艇逃走了。

「馬拉開寶」號船長看了看眼前的「白雲」號，向船員們說：「再好好地找找看，也許還會發現一些有價值的東西。」船員們覺得船長的話很有道理，就又在「白雲」號上搜尋起來。

找著找著，有一個船員發現了一本航海日誌，趕緊交給了船長。船長打開仔細一看，只見那上面記錄著「白雲」號最後停泊的地方，是非洲西北部加利群島的拉斯帕馬斯港。

在「馬拉開寶」號的船員發現它之前，它已經在海面上漂流了整整六十二天，大約一萬八千海浬。

這麼一來，「馬拉開寶」號船長和船員們更覺得奇怪，「白雲」號漂流了整整六十二天，也就是兩個多月的時間。那爲什麼沒有人查問它的下落呢？大家你看看我，我瞧瞧你，誰也弄不明白。

這件奇怪的事情很快就到處傳開，人們聽到消息以後，不禁想起了歷史上發生過好幾件類似的難解之謎。

西元一八五五年二月二十八日，英國一艘叫「馬拉頓」號的三桅帆船，

正在北大西洋上航行，準備前往美國。途中，他們碰到了一艘美國的三桅帆船，名字叫「杜瑞姆斯．切斯萊爾」號。

只見這艘船的風帆已經落下了，隨著風浪慢慢地漂蕩著，船上一個人也沒有，但是船身卻沒有任何一個地方受到損害，船上的貨物一點都沒動，淡水和食物也十分充足，而且船上看不到搏鬥的痕跡，但卻沒有一張航海圖和一個羅盤。

看樣子，是船上的人們在逃走的時候，把航海圖和羅盤全都拿走了。這艘三桅帆船究竟是碰到了什麼樣的危險？船員爲什麼一定要逃離？又是怎麼逃走的呢？

後來，英國「馬拉頓」號的船長決定把這艘「杜瑞姆斯．切斯萊爾」號三桅帆船拖到美國去，交給當地人調查。這樣，也許能弄清楚其中的原因，揭開真相。

可是，當英國「馬拉頓」號的船員把那艘三桅帆船拖到紐約以後，向人們一打聽，船上的船員們根本就沒有回來。而且，在世界的其他地方，也沒有發現這些船員，他們就這樣失蹤了。

西元一八七三年十二月四日，英國的「德．格雷布」號雙桅帆船在大西洋亞速群島東部海面上航行的時候，發現了一艘叫「聖．瑪麗亞」號的帆船。那艘船沒有受到損害，船艙裡還好好地放著大量的糧食，水缸裡盛滿了淡水。不過，船上沒有一個人。

西元一八八〇年，人們在美國新港市附近的海面上，發現了一艘叫「西貝爾德」號的帆船。那船上的情景跟前面說的船隻一樣，一切完好無損，船長室裡還擺放著豐盛的早餐，卻一個人影也沒有。

一八八一年十二月十二日，美國一艘叫「埃林奧斯丁」號的機帆船在北大西洋的海面上，也發現一艘隨風漂流的帆船。船上有食物，有淡水，有水果，還有啤酒，就是沒有一個人。

人們回想起這些往事，再看看眼前的這艘「白雲」號貨船，不禁要問：爲什麼會有這麼多奇怪且無人駕駛的「海上漂船」呢？

有的人說，這些沒有人駕駛的漂船在航行當中，必定是碰到了龍捲風，

不然就是碰到了海嘯。船員們在災難面前嚇得不知道怎麼辦才好，只能離開船隻，坐著救生艇逃走。可是，龍捲風和海嘯實在是太兇猛，把救生艇打翻，將船員們全部捲進了波濤洶湧的大海裡。

看起來，這種說法有一定的道理。不過，有的人不同意，他們覺得，在廣闊的大海中，不管是龍捲風還是海嘯，都沒有那麼大的破壞力。有的時候，甚至感覺不到海面上正在颳著龍捲風或起海嘯。所以，這些船上的船員們根本就不至於驚慌失措到棄船逃命。

再說，海上龍捲風的產生，要有一定的氣候條件，那些無人船所在的海面，不太可能出現龍捲風。

有的人說，這些沒有人駕駛的漂船，也許是遇到了次聲波。次聲波是由於風暴和強風作用，在波浪表面發生波峰的波流斷裂現象。這是一種人們耳朵聽不到的聲波，可是，由於次聲波的頻率低於二十赫茲，在傳播的過程裡能量遞減得很小，所以可以傳播得比較遠。

科學家們認爲，強大的次聲波會使人們驚慌失措，感到難受。船員們如果碰到次聲波，也許忍受不了折磨，最後就跳船逃命去了。

不過，這種說法只是一種猜想，一直到現在，都沒有發現由於次聲波造成無人船的確切例證。

還有人說，這些沒有人駕駛的漂船或許碰到了什麼神秘的海洋怪獸，所以把船上的人們嚇得慌張地逃走了。只是這種說法更沒有科學依據，所以幾乎不可能使人信服。

那麼，到底是什麼原因造成這麼多沒有人駕駛的海上漂船呢?直到如今仍沒有找到正確答案，成了一個難解的謎。

消失在四度空間的船員

至今瑪麗亞號仍留下一堆謎團，有人認為，這艘船的全體人員遁入了我們尚不知曉的第四度空間中去。

一八七二年十二月五日，一艘英國籍帆船德艾．格拉西亞號正朝著英屬直布羅陀航行。

帆船很快來到葡萄牙外海一千公里的大西洋，離直布羅陀大約還有一週航程。這天，天氣晴朗，陽光明媚，是航海的大好時光，船長莫亞．豪斯和水手奧立佛在甲板上閒聊。

突然，值班水手的聲音從瞭望台傳來：「船長，有船影！」

莫亞．豪斯與奧立佛停止談話，一齊朝值班水手指的方向望去，只見遠處隱隱約約有一艘雙桅帆船正朝著「格拉西亞」號駛來，但是這艘船行駛得有點奇怪，船身向一邊傾斜，風帆七零八落，行進速度極慢，簡直像是漂浮。

奧立佛舉起望遠鏡，仔細觀察船隻。突然，他高聲叫道：「是瑪麗亞．賽莉斯特號！」

「什麼？」豪斯船長一把抓過望遠鏡，也朝那艘船望去。

瑪麗亞．賽莉斯特號原本是一艘英籍木帆船，一八六〇年建造，重兩百八十二噸，長三十一公尺，寬七．六公尺。最初，船名叫亞馬遜號，船建成的第二年，正值美國南北戰爭爆發，亞馬遜號在炮火中完成了第一次航行。

但是，亞馬遜號的發展歷程一直不順利。第一任船長是羅德．麥克雷戈，任職亞馬遜號船長後，不到四十八小時即因病去世。第二任船長上任後，把撞入漁網產生裂痕的亞馬遜號開回船塢修理，然而修復之後，途中

在多佛爾海峽又與他船相撞。第三任船長再把亞馬遜號送去修理，想不到才剛修好的亞馬遜號又在凱普佈雷頓島外海觸礁。重新修好後，亞瑪遜號改名叫瑪麗亞．塞莉斯特號。

一八七二年十一月，瑪麗亞．賽莉斯特號在布里格斯船長的指揮下，於紐約裝上滿滿一船工業用酒精，準備運往義大利熱那亞。船長的妻子莎拉．伊麗莎白和幼女也隨船航行。

當瑪麗亞．賽莉斯特號船在紐約伊斯特．里巴碼頭上裝酒精時，旁邊一艘船也正忙碌地裝載貨物，正是格拉西亞號。此外，豪斯船長與布里格斯船長還是好友。

十一月七日，瑪麗亞．賽莉斯特號揚帆出海，格拉西亞號也駛向大西洋。航行一個月後，兩艘船在大西洋碰頭了。

豪斯命令格拉西亞號調整方向，迎著瑪麗亞號駛去。漸漸地，兩船的距離已能互相喊話，瑪麗亞號的甲板上仍不見半個人影。

豪斯船長拿起話筒喊道：「瑪麗亞．賽莉斯特號，我是德艾．格拉西亞號船長莫亞．豪斯，聽到我的呼叫請回答。」

連喊五、六遍，不見反應，豪斯船長決定派人上去看看。於是，奧立佛與另兩名水手乘小船登上了瑪麗亞號。

三人在甲板上喊叫一陣，無人回答。便決定到船艙、廚房和倉庫分頭看看。來到水手臥室，只見衣物、靴子到處擺放，一片凌亂。枕頭邊上的一個煙斗、一把煙草吸引住他們，因爲這兩樣東西是水手的命根子，如果不是非常緊急的情況，是不會丟棄的。

一等水手的艙房餐桌上杯盤狼藉，盤子裡還有喝剩下一半的湯，但湯瓢卻掉在地上。

奧立佛來到船長室，也是一片混亂。桌上的一罐藥，瓶蓋是打開的，旁邊扔著一根湯匙，地上有散落的珠寶和航海地圖，這些景象說明主人是匆匆離去。

奧立佛找到了船長的航海日記，最後一篇的記錄日期是十一月二十四日，記載了當天的位置：亞速群島，聖瑪麗亞島以西約一百一十海浬。

奧立佛和兩個水手又檢查了倉庫，發現一千七百桶酒精原封不動地整齊堆放著，只有一桶的蓋子微微打開，船上的舵輪和抽水系統也很正常，但是救生艇不見了。

豪斯船長對眼前這一切，怎樣也想不出原因。他決定先把瑪麗亞號帶回港口再說，便命令奧立佛和兩個水手留在瑪麗亞號船上，跟隨「格拉西亞」號駛向直布羅陀。

十二月十一日，格拉西亞號抵達目的地，第二天，瑪麗亞號也平安抵達。豪斯船長上岸後，便先前往海事裁判所報告情況，然而，海事裁判所卻對豪斯起了疑心。

按照當時的國際海洋法，凡是將漂流中的無主船隻帶回港口，便可獲得海難救助金。瑪麗亞號一切正常，船上又有價值超過三萬美元的工業酒精，不能不令人懷疑。於是，海事裁判所以「有大屠殺嫌疑」罪名，把莫亞．豪斯船長及格拉西亞號的全體船員逮捕候審。

但是，海事裁判所的陪審團持另外的想法：豪斯與布里格斯特船長是多年的好朋友，不可能爲獎金而屠殺朋友及船員。最後，陪審團依據事實做出結論，解除格拉西亞號全體船員參與大屠殺的嫌疑，於是海事裁判所下令釋放豪斯及全體船員。

但是，事實真相究竟如何？海事裁判所組織人員進行了多方面調查，只是無論如何推測論證，到最後都沒有說服力。

一八七三年三月，海事裁判所頒給德艾·格拉西亞號一筆八千三百美元的海難救助獎，但裁判書對頒獎原因和瑪麗亞號隻字不提，這是歷史上從未有過的事情。

這一事件之後的十二年——一八八四年，英國《何倫希爾》雜誌一月號發表了一篇署名約翰·哈巴克·傑弗遜醫生的文章，作者自稱當年曾搭乘瑪麗亞號，目睹了船上發生的一切。十一年前，他就打算公開，但利物浦的警察及親友都認爲他有精神病，現在，他知道自己將不久於人世，想在臨終前把秘密公諸於世。

傑弗遜自稱是醫生，曾在美國南北戰爭中爲爭取黑人解放而戰鬥。在

作戰中負了傷，幸得一位黑人老太太護理，方得保住性命。在他傷癒告別時，黑人老太太送給他一塊黑玉護身符。

傷癒七年後，他又得重症，醫生說只有海上空氣能救他的命，於是，他決定前往歐洲旅行，上了瑪麗亞號。

船上人不多，船長、夫人及女兒，十個水手，其中三個是黑人。旅客除了傑弗遜外，還有輪船公司代理人哈同和一個混血兒謝伯基穆斯．戈林。戈林很聰明，見多識廣，但右手少了四個指頭，彷彿被刀子切斷似的。

戈林住在他的隔壁。一天早晨，傑弗遜剛起床，一聲槍響，一顆子彈穿過板壁，射進他一分鐘以前還站著的地方。戈林忽然跑過來道歉，說擦槍走了火。晚上，布里格斯船長來找傑弗遜，神情悲痛地訴說愛妻、幼女失蹤了。有人推測，女兒失足落水，媽媽心裡一急，也跳下水去。過了幾天，布里格斯船長竟自殺了。

帆船在大副指揮下繼續航行。一天，傑弗遜拿出黑玉護身符讓人欣賞，戈林拿過去，不以爲然地笑笑，打算順手扔到海裡。不料，旁邊的黑人水手馬上跳到戈林面前，對他說了幾句什麼，然後就拿過護身符，萬分虔誠地奉還給傑弗遜。

過了一段時間，氣候變得燥熱起來。當地平線上出現非洲大陸時，人們才發覺航行偏了方向。但大副說，這不是他的錯，有人把航海儀器弄壞了。

這天傍晚，傑弗遜正在甲板上散步，戈林和另外三個黑人走來，忽然把他推倒在甲板上，捆綁起來。白人水手和旅客哈同被捆綁起來推入海中，戈林也要把傑弗遜推入海中，但黑人們一致反對，他們認爲佩著黑玉護身符的人是不可傷害的。

於是，傑弗遜被帶下救生艇上了岸，軟禁在一間小屋裡。他雖是俘虜，但吃得不錯，當地黑人對他很崇敬。一天晚上，戈林將自己的身世告訴了傑弗遜。原來他的父親是白人，母親卻是黑奴，父親去世後，母親被棉花種植場主打死，還把戈林的四個指頭切掉。戈林滿懷仇恨，發誓要向所有的白人討還血債，在非洲建立一個黑人國家。

相傳黑人有一個迷信，給他們送「黑玉耳」來的人就是天堂使者，而傑弗遜的黑玉護身符正像一隻耳朵，傑弗遜就成了戈林當酋長的障礙。戈林把傑弗遜帶到海邊，逼他坐一條小船出海，聽天由命。幾天後，傑弗遜終於遇上一艘英國輪船，到達利物浦。

當人們興奮地讀了傑弗遜這篇文章，心滿意足的時候，有人透露，「傑弗遜醫生」的故事純屬虛構，它不過是《福爾摩斯》的作者柯南．道爾寫的一篇小說而已。

儘管如此，人們仍然感激柯南．道爾，他也算是為瑪麗亞號船失蹤之謎提供了一個說法，而且非常引人入勝。

瑪麗亞．賽莉斯特號船自一八七三年三月被解除扣押後，船主幾度換人。最後，在一次詐騙保險金的行動中，被故意撞在珊瑚礁上，並以一把火燒毀，犯案者日後相繼死亡。

至今瑪麗亞號仍留下一堆謎團，進入二十世紀後，研究瑪麗亞號之謎者仍大有人在，代表性的說法有以下幾種：

一、「四度空間」說：相信這個說法的人，認爲這艘船的全體人員遁入了我們尚不知曉的第四度空間中去。

二、「非物質化」說：他們認爲船上的人都遭受了「非物質化作用」，毫無痕跡地消失了。

三、「UFO（飛碟）」說：認爲船員被外星帶走了。

由於這些說法都無法實證，又有人提出猜想：航行中，有人突然發現船上有一桶工業酒精微微有些開裂，由於受太陽曝曬，工業酒精的熱膨脹極可能引起致命的爆炸，於是急忙搭上救生艇離開大船。突然，天上驟然降下暴雨，爆炸自然未發生，但是救生小艇卻不幸翻沉，無一人倖免。

沒有人能驗證這些推測的真假，於是瑪麗亞號的詭異遭遇就成了一則令人發毛卻也引人入勝的傳說，爲百慕達三角的恐怖再添一筆。

令人毛骨悚然的失蹤懸案

飛機失蹤案件層出不窮，研究神秘現象的科學家們也無法找出合理原因，直到現在，這些神秘失蹤的飛機去向，依舊是個難解的謎。

一架失蹤半世紀的雙引擎客機，不久前在新幾內亞一處森林沼澤地中被發現。從機身上可辨的標誌和有關資料證明，這是在一九三七年由菲律賓馬尼拉飛往民答那峨島時失蹤的客機。

但是，其中最怪異之處，是飛機仍像失蹤時一樣新。調查人員原本認爲機門一定生銹了，很難打開，可是它卻一扭便開，而且機身內部完好，外殼也十分乾淨。

機艙內有幾份尚未完全發黃的報紙，還有空的紙杯。其中一個煙灰缸內放著一個空煙盒，那是一九三〇年代盛行的香煙牌子，且出現在飛機中雜誌上的衣服和髮型，也全是那個時期流行的樣式。

特別令人驚訝的是飛機的狀況，它的電池仍充滿電，發動引擎，機內的燈光皆亮，汽油幾乎全滿，仍可如五十二年前一般飛行。

此外，機艙內的保溫瓶中還有溫熱的咖啡，咖啡的味道沒變，三明治也同樣新鮮，但是不見任何活著或死去的人。

這情景使人毛骨悚然，但又無法解釋。爲解開失蹤客機重現之謎，有關當局仍在詳細調查這架來自「過去」的飛機。

人、飛機、船隻、還有整個村莊，會神不知鬼不覺地消失嗎?答案是肯定的。一九四五年十二月五日，美國就發生了一起被新聞界稱之爲「和平時期最大啞謎」的案件。

美國佛羅里達州勞德代爾堡有一個空軍基地，那一天，海軍的五架復仇者式魚雷轟炸機於下午一時左右起飛，飛往巴哈馬群島進行飛行訓練。

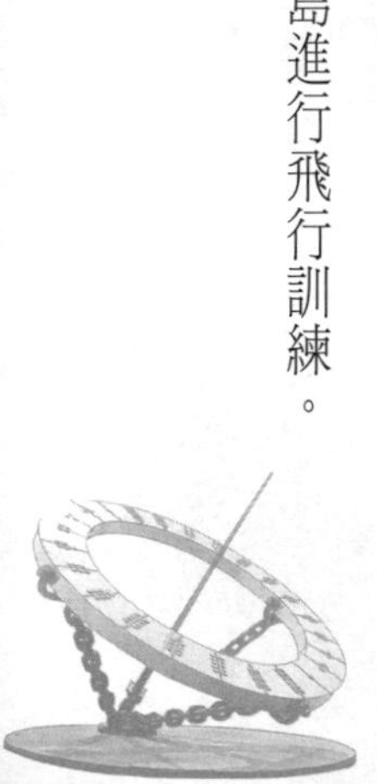

這支隊伍共由十四名教官與學員組成，起飛後一段時間，飛行員便從機艙內與地面基地控制塔通話，詢問自身所處的方位，因爲他們迷失了方向，有些手忙腳亂、沉不住氣。雖然控制塔立即將他們所需的資料告訴他們，但雙方的聯繫仍舊中斷。

因此，基地便派出一架載有十三名乘員的水上飛機，前去搜尋並營救這些轟炸機。

這架水上飛機裝備精良的救援工具，包含橡皮艇、浮筒、信號彈，但奇怪的是，在水上飛機起飛一小時後，基地控制塔也和該機機組人員失去了聯繫，塔台雷達的螢幕上看不見飛機的蹤影。

事情發生後，美國海軍組織了大規模的搜尋隊伍，展開大範圍的搜索行動。靠近榮德代爾堡基地的其他基地先後收到上面的命令，要求他們盡可能派出隊伍，前往出事的海域進行搜救，因而許多軍艦與飛機都投入了這場營救戰友的行動中。

不過，幾天的時間過去了，搜索隊對各個可疑的海域都進行了深入的探測與搜尋，依舊一無所獲，甚至連一點殘骸與遺物都沒有找到。

這一天究竟發生了什麼事情呢？

對非當事人來說，永遠是個謎。

類似的飛機失蹤案還有很多，例如一九五三年十一月二十五日，就有兩名美國飛行員，在向基地報告他們正準備穿過一片「淡紅色的雲層」後，就再也聯繫不上了。

也在同一天，費利克斯·蒙克拉中尉和威爾遜上士駕駛著一架F－八九式戰機，從密西根州的金羅斯基地起飛，奉命前往蘇洛克空域攔截一個來歷不明的飛行物。

但是，基地控制塔的雷達操縱員，最後卻眼睜睜地在螢幕上看到這架F－八九式戰機和機上兩名飛行員神奇地失去蹤影。

另外，在一九三五年三月六日，美國帕里斯基地的空軍飛行員梅特卡夫驚愕地看到一個大型不明飛行物，倏然出現在一架噴氣式轟炸機後面，還敞開一個巨大的開口，將轟炸機整架「吞」了進去。當開口合攏時，不

明飛行物懸停在空中，絲毫不動，不久後，它便疾速飛離。

幾天之後，美國伊利諾斯州聖路易電台廣播說，美軍一架輕型噴氣式轟炸機失蹤了，而且軍方沒有找到任何殘骸和飛行員的遺骨。

這類飛機失蹤案件層出不窮，其中還有不少是軍方的戰鬥機與轟炸機，各國軍方也花費大批物資、派遣大量人員投入搜救工作中，仍舊一無所獲，研究神秘現象的科學家們也無法找出合理的解釋。因此直到現在，這些神秘失蹤的飛機去向，依然是無解的謎。

古怪離奇的無人船事件

投入大量人力與金錢搜索，依舊無法了解造成神秘無人船的原因。那些消失的船員，沒人知道是葬身海底，或是活在世界上某個角落。

直到今天，人們偶爾會聽說海上發現了奇怪的無人船，上面載有食物、淡水、救生裝備，只是船上的人都不知到哪裡去了。儘管做過詳細的調查，但誰也說不清究竟是怎麼一回事，於是神秘的無人船就成了不解之謎。

但事實上，這類事件不是今天才有，近一、兩百年以來，此類事件可說是屢見不鮮、層出不窮。

一八五五年二月二十八日，英國三桅帆船「馬拉頓」號在北大西洋碰

到美國三桅帆船「切斯捷爾」號，當時只見該船風帆落下、無人駕駛，在大海中隨波逐流。

「馬拉頓」號的船員登上該船後，發現不僅船身完好無損，貨物絲毫未動，食物與淡水非常充足，船上也沒有任何打鬥和遭受攻擊的痕跡，只是見不到人，也找不到航海日記和羅盤。

起初，人們還以爲船員們乘舢板離去了，因而就把這艘船拖到紐約，但經過一番查詢後，才知道「切斯捷爾」號的船員們並未歸來，而且在世界其他地方也沒有發現他們的蹤跡。

究竟是什麼原因，迫使全體船員拋棄這艘完好無損的船，悄然離去呢？至今仍不得其解。

更爲神秘的是一八八一年底，「埃林奧斯丁」號所經歷的事。

一八八一年十二月十二日，「埃林奧斯丁」號在北大西洋發現一艘隨風漂流的機帆船，表面看上去好像都沒有人，於是「埃林奧斯丁」號的船長格里芬命令助手乘小艇前去查看。水手們靠近機帆船後，發現它尾部的船名已模糊不清了，等他們登上船後，發現艙內一切正常，裡面的水果和瓶裝酒絲毫未動，食物和淡水俱全，就是沒有半個人。

最後，船長決定把這艘船帶走。他說服了幾個水兵留在機帆船上，並由他的軍艦拖著航行。起初走了兩個星期，一切都很順利，但在離海岸只有三天的航程時，海上突然狂風大作，拖船的纜繩被吹斷，在漆黑的夜裡，兩船失去了聯繫。

第二天早上，「埃林奧斯丁」號發現了機帆船，但他們對該船發出的聯絡信號卻不見人回答。直到「埃林奧斯丁」號的船員再次登上這艘機帆船時，才發現船長派去的水兵們已經不見了。

這時，船隻離紐約只有三百公里了，於是船長又用重金說服了幾名船員到那艘船上去，還安慰他們說：「只要跟上我們，一切都會平安無事。」

這天夜裡的天氣很好，微風習習、星星閃爍，但就在黎明前，「埃林奧斯丁」號的舵手發現他們偏離了航線，轉過頭去看那艘機帆船時，不禁大吃一驚，因爲機帆船又不見了！

這艘機帆船的失蹤，成了航海史上另一個神秘不解之謎。

另外，在一九二一年一月三十一日，美國哈特勒斯角海洋救生站的值班人員，在望遠鏡中發現了一艘擱淺的五桅帆船。值班人員感到很奇怪，因爲這艘船既沒有發射求救燈光，也沒有發出任何呼救的信號，於是他們乘著小艇前往察看。由於風大浪急，無法靠近那艘船，一直到五天之後，才終於登上那艘五桅帆船。

那艘名叫「凱洛爾．基林」的帆船，深深擱淺在沙灘上。船上的羅盤、駕駛輪、航海儀器均已破損，値班日記和天文鐘也不見了，但倉庫中的東西和私人財物卻完好無損。

此外，他們還在廚房裡發現全體船員在離船前曾吃過的沙拉和豌豆湯，以及喝過的咖啡，而在船上找到的倖存者是三隻餓壞了的貓。

發現「凱洛爾．基林」號的消息很快就在卡羅來納州傳開，人們紛紛猜測原因，究竟是海盜、叛亂、還是什麼別的原因造成失事的呢？事隔不久，有人撿到一個漂流的玻璃瓶，裡面的紙條上寫著：「『凱洛爾．基林』

號被一艘船抓住，全體船員躲在船艙中，沒有離船的可能性。速告政府，『凱洛爾．基林』號……」但字寫到這裡便斷了。

「凱洛爾．基林」號在被敵船抓住後，究竟發生了什麼事，使船上所有船員離開船隻？如果船員們是被俘虜了，又爲何船上的財物會完好無缺？這些問題至今仍是無解。

無人船事件吸引許多探險家、科學家、與神秘事件的喜好者，但即使投入大量人力與金錢搜索、研究，依舊無法了解造成神秘無人船的原因。而那些消失的船員們，至今依舊音訊全無，沒有人知道他們究竟是葬身海底，或是活在世界上的某個角落。

神出鬼沒的幽靈潛艇

外星人大致分成兩類：一類生活在陸地，一類則在水裡。水裡的外星人建造了幽靈潛艇，以百慕達三角海域的水下金字塔為基地。

六十多年前，第二次世界大戰的海上戰爭中，日本聯合艦隊和美國的航空母艦「小鷹」號分別遭到一艘神秘的潛艇跟蹤。但當這艘潛艇被美日雙方的艦艇發現後，卻無影無蹤地消失了。

接著，在馬里亞納島，當美日雙方艦隊激烈交戰時，這艘神秘莫測的潛艇又出現了。它只是在一旁觀戰，並不參戰，但它救起了許多雙方交戰時落水的水兵，他們全被一股神秘的海浪送上了救生艇。

這艘潛艇的速度和反應快得驚人，即便在六十多年後的今天，世界各國最先進的技術也造不出同樣的潛艇。當時，美國海軍把這艘神秘的潛艇稱爲「幽靈潛艇」，並聲稱要是哪一國取得建造幽靈潛艇的技術，就能在未來的海戰上取得最大勝利。

爲此，美國海軍在二次大戰結束以後，動用潛艇全面在南太平洋各水域大肆搜尋。而前蘇聯也不落人後，同樣派出核能潛艇在太平洋、大西洋各海域搜尋。但兩國都未曾發現幽靈潛艇的蹤影，投資搜索的人力物力，自然全數血本無歸。

一九六〇年代末期，在南太平洋的廣闊水域，它曾多次跟蹤各國潛艇，有時還會整艘露出海面亮相，但當艦隊派遣直昇機向它靠近時，卻又消失得無影無蹤。美國的企業號，堪稱當今世界上最大的核能動力航空母艦，不過，當它在太平洋海域發現幽靈潛艇，正準備反擊時，幽靈潛艇同樣突然在聲納定位中消失了。

到一九八〇年代末期，幽靈潛艇又在斯堪地納維亞水域不斷出現，還

潛入挪威、瑞典等國的一些軍港。

一九九〇年，在北約海軍舉行的一次軍事演習中，幽靈潛艇公然露面。北約集團和挪威、瑞典等國的十多艘軍艦，在開恩克斯納海灣企圖捕捉「幽靈潛艇」，炮彈和深水炸彈如雨點般攻擊目標，誰知它卻全無聲息地消失了。

當「幽靈潛艇」再度浮出水面，所有軍艦上的無線電通信系統、雷達、聲納等全部失靈，直到它離去才恢復正常。

北約發射最先進的反潛「殺手」魚雷自動追蹤目標，但出乎意料的是，「殺手」魚雷不僅沒有爆炸，反而消失得蹤影全無。

於是，「北約」軍事研究人員提出一個構想——幽靈潛艇或許是外星人派到地球的不速之客。

幽靈潛艇似乎也有幾種不大相同的類型，通常看見的，與美國核能潛艇的外貌相似，只是還要更精巧些。此外，一九九二年，法國潛水專家拉馬斯克在加勒比海的水下探險時，發現一座圓體、周身晶亮的銀灰色物體，它飛快地旋轉運行，與拉馬斯克擦肩而過，但卻悄無聲息，連波浪也未曾掀起。這大概是「幽靈潛艇」的另一種類型吧！

「幽靈潛艇」在地球的水域裡究竟有沒有基地呢？按常理來說，應該是有的。那麼，基地又在哪裡？

有人說，正是在百慕達三角，接近巴哈馬群島的海底下。

一九八五年，英國水下探險家在巴哈馬群島附近海面下，發現一座龐大的海底建築，裡面似乎有機器在運轉著。

一九九三年七月，美、法兩國專家調查隊，在這一片水域中發現一座巨大的海底金字塔。塔的底邊長三百公尺，高約二百公尺，塔尖距離海面只有一百公尺。而金字塔上還有兩個巨大的洞，水流以驚人的速度從中奔流出入，使得這一帶海面霧氣騰騰、波詭雲譎。因此，有不少人說，被稱作「魔鬼三角」的百慕達，之所以造成許多飛機、船隻的沉沒、失蹤，這座海底金字塔實在難辭其咎。

研究幽靈潛艇的人則說，海底金字塔是「幽靈潛艇」的最佳基地，那

上面的兩個巨大的水洞，是出入口所在。

俄羅斯一些研究者認為，僅從「幽靈潛艇」及基地來看，擁有者的智慧便高出地球人許多。何況幽靈潛艇並未攻擊過人類，反而是人類不斷地攻擊它，雖說如此它也從不還擊。這說明駕駛幽靈潛艇者的道德文明，遠遠高出於現今的人類。

在北極，時常發現幽靈潛艇與UFO配合行動，海空呼應。

一九六〇年代末期，在北極圈內，隸屬於前蘇聯的科拉半島附近的海域，發現一艘幽靈潛艇被冰層封住。前蘇聯以為是侵入國境的美國潛艇，遂派出大量戰機前來俘獲「侵略者」。就在這個時候，空中卻趕來了一架飛碟。蘇聯軍隊的通訊、雷達、各種儀錶，一時之間全部都停止運行，只見飛碟如入無人之境，從空中自由的降落，飛向幽靈潛艇，助它破冰開路，使幽靈潛艇得以順利逃脫。

看見這個情景，才使得蘇聯軍隊明白，這艘潛艇乃是外星人的傑作，並非美國入侵者能夠辦到。

另外，有鑑於幽靈潛艇從不侵犯他人的前例，有人猜測，美國和前蘇聯等國因追蹤幽靈潛艇或因航行百慕達海域失蹤的艦船、飛機以及上面的人員，不過是成了外星人的俘虜，總有一天，他們會平安回來。

幽浮研究者還指出，外星人來到地球後，大致分成兩大類：一類在地面活動，一類在水面下活動。水面下的外星人建造了幽靈潛艇，又以百慕達三角海域的海底金字塔爲基地，進行各種探查。所以，自一次大戰以來，各大洋，特別是太平洋與大西洋，才不時傳來發現幽靈潛艇的報告。

又有一些研究者認爲，在大洋深處，原本就存在著一種具有高度文明、高度智慧的生物。它們不是外星人，而是地球人的最親密的鄰居，也可以說是地球人的一種。它們既能在「空氣中的海洋」裡生活，又能在「海洋裡的空氣」中生存。而百慕達三角的大金字塔，不過是他們在海中建造，發電用的電磁波建物。

持這種觀點的研究者還強調：人類起源於海洋，現代人類的許多習慣以及器官，還明顯地保留著這方面的痕跡。例如喜歡吃鹽、身上無毛、會

游泳、有胎記、愛吃魚類等。這些特徵，是陸地上的哺乳動物所不具備。當初人類進化時，很可能就是分作陸上、水底兩支。在岸上生活的，就是今日的人類；而住在海底的，則被人訛稱作「海妖」。

正是「海妖」們，造出了人類所無法造出的幽靈潛艇。

研究者還認爲，要全面揭開百慕達三角與「幽靈潛艇」之謎，只有等到人類與他們的科學文明，甚或道德文明更接近、更能溝通時才能辦得到。

但是，這一天卻可以說是遙遙無期，因爲即使人類不斷的進步，海底的人也同樣在向前發展！想要有朝一日能夠追上，恐怕比登天還難。

不明潛水物ＵＳＯ

許多人相信，ＵＳＯ就是天外來客的一種運載工具，也有人還相信，在大海的某個深處，可能隱藏有外星人的棲息基地。但也有人認為，ＵＳＯ是大氣折射產生的一種虛無的幻影。

一般人即使不曾見過不明飛行物體，對於「飛碟」或「ＵＦＯ」都耳熟能詳，但是對於另一種神秘物體「ＵＳＯ」，則感到相當陌生。

「ＵＳＯ」，即不明潛水物。

一九○二年，一艘英國貨船正航行在非洲西海岸幾內亞海域，突然，一名水手看到類似飛艇的龐然大物在船首前方一百公尺處出現。

這個怪物長約幾十公尺，寬度有十公尺左右，在水中時浮時沉。

水手的驚叫聲引來了許多船員駐足觀望。但是，當英國貨船逐漸向它靠近時，它立刻沉了下去。更令人奇驚的是，在它下沉時，海面上竟然看不到一點浪花。

當時，潛水艇還沒有問世，這種會突然沉入海裡的怪物，令水手們看得目瞪口呆。

一九六三年，美國海軍某部在布埃特．利戈東南海面進行反潛艇作戰演習。一天，軍艦上利用聲波探索物體的儀器聲納突然發現，有一個行動神速的潛水物，驚鴻一瞥後，轉瞬間便潛沉到深水中去。

艦艇上的官兵都驚愕不已，因爲，它的性能遠遠超過當時已知的各種類型的潛水艇，即使在今天，最先進的潛艇一般也只能下潛五〇〇公尺，水下航行的最高時速也僅一〇〇公里左右。

此後，有關USO的報導時有所聞，在在引起人們的關注。

一九七三年，北大西洋公約組織的數十艘軍艦在挪威的峴科斯納契海演習。突然，有一個不明潛水物出現。指揮官以爲是遇上了蘇聯方面的間諜潛艇，便下令追逐，接著又下令襲擊。

誰知大炮也好，魚雷也好，深水炸彈也好，都損傷不了它。正當官兵們驚慌失措、束手無策之際，那個USO卻不慌不忙地浮上水面。霎那間，北約數十艘軍艦的無線電通信、雷達和聲納等通通失靈，等於被解除了武裝，只能眼睜睜地看著它逐漸遠去。

神秘的USO究竟是什麼呢？就像UFO一樣，許多人相信，它就是天外來客的一種運載工具，否則怎能解釋它那遠遠超過人類的潛水技能呢？

有人還相信，在大海的某個深處，可能隱藏有外星人的棲息基地。但也有人認為，USO是大氣折射產生的一種虛無的幻影，就好像在沙漠中人們看到海市蜃樓一般，所以它才可能具有如此來去無蹤、神出鬼沒的本領。

消失在海中的「蝎魚」號潛艇

到今天為止，找不到任何資料説明它的下落，它和艇上五名軍官和五十四名士兵一起，在「魔鬼海」的無底深淵中消失得無影無蹤。

許多船隻在大海深處神秘消失，至今仍令人費解，美國兩艘「蝎魚」號潛艇的失蹤便是其中一例。

「蝎」，是「危險的毒刺」的同義詞。蝎魚不只是一種蜘蛛類動物，還是一種魚。這種魚不很知名，但跟蝎一樣危險，蝎魚堅硬的硬殼具殺傷力，是可以致命的。

在第二次世界大戰中，美國潛艇「蝎魚ＳＳ２７８」號給予敵人的打擊，正如蝎魚一般，有很強的破壞性。這艘刁鑽狡猾的潛艇既能在深水中徘徊，又能在淺水中急駛。它是美國艦隊中第五艘以毒魚的名字命名的艦艇，戰爭期間，活躍在太平洋水域，聲名不亞於傷人致命的海中動物。

「蝎魚ＳＳ２７８」號是在新罕布什州的樸次茅斯海軍造船廠建造的。一九四二年七月二十日，在莫爾德船長的女兒伊麗莎白莫那格爾小姐的主持下，在船廠下水，同年十月編入艦隊，一九四三年三月到達珍珠港，又從那裡出發展開巡航。它能勇敢地攻擊重兵護航的日本貨輪，靈巧地躲過雨點般密集的深水炸彈，擊沉貨輪、驅逐艦和配備重型武器的巡邏艦。在突然襲進和快速撤退上，創下了驚人紀錄。

一九四三年五月八日，潛艇結束了它的首次巡航，返回珍珠港休整檢修。三個星期以後，「蝎魚」號再度出航。它在中途島加足燃料，向東駛向「台灣——對馬——長崎」航線。

這第二次出航中，它遭遇了一場艱苦的戰鬥。

七月三日上午，目視記錄證實海上有六艘由護航驅逐艦護航的貨輪。

「蝎魚」號立即開往作戰位置，向不同方向發射五發排炮和三枚魚雷，很快就聽到了它們的爆炸聲，貨輪「阿山丸」號和「國友丸」號被它擊中。

由於敵方護航艦幾乎跟它處於同一方位，「蝎魚」號顧不得看明究竟，射出最後一炮就開始下潛，同時關掉螺旋槳，以免攪起泥沙，然後一聲不響地潛在海底。七枚近距離深水炸彈在它周圍相繼爆炸。潛艇被震得搖搖晃晃，像一隻玩具小船。艇上全體官兵緊張地聽著一聲聲爆炸聲，老天保祐，炸彈一顆也沒有擊中！

兩分鐘以後，一根鏈條碰到了潛艇外殼。官兵們屏住呼吸，聽著金屬鏈條刮擦潛艇發出的令人不安的聲響，緊跟著又是一顆深水炸彈的爆炸聲。「蝎魚」號開始慢慢地移動，想改變航向，轉移到較深的水域去。

潛艇又一次被鏈條探到了，像上次一樣，隨之而來的是深水炸彈的爆炸聲，一顆、二顆、三顆、四顆！炸彈一個接一個地落下，潛艇不停地搖擺震蕩，但是「蝎魚」號沒有被擊中，它慢慢移進了深水區，逃脫羅網，平安地離去，全身而退。

它並沒有遭到實際的損壞，只是通訊設備完全失靈，有三天時間無法跟基地取得聯繫。此後它離開作戰區域，於七月十五日返回中途島，八月中旬抵達珍珠港檢修。這一次，由於作戰英勇，它獲得兩枚星章。

十月中旬，好鬥的「蝎魚」號再次出發巡航。它駛過「魔鬼海」，在馬里亞那群島附近追逐神秘船，攻擊由軍艦護航的運輸船隊。到十一月初返回珍珠港時它擁有三枚星章，成爲一艘英雄潛艇。

一九四三年十二月二十九日，在施密特海軍中校的指揮下，「蝎魚」號出海執行第四次巡邏任務。想不到那竟是它的最後一次巡航。

「蝎魚」號重返「魔鬼海」水域，投入作戰。在離開珍珠港以後的第五天，它用無線電呼叫求援，說艇上一名船員上臂骨折，要求跟當時正在同一水域的「鯡魚」號會合。但是海上波濤洶湧，「鯡魚」號無法讓傷員登船，也不可能把他送到中途島去治療。

「蝎魚」號瞭解到這一情況，就於午夜前後回電說：「情況良好。」這是那艘潛艇發回的最後一句話。從那以後，它便渺無音信。基地命令它

通話，也沒有回音。

最終，美國海軍只得斷定，「蝎魚」號在戰鬥中被毀。

然而，事實真是這樣嗎？

戰後，美軍仔細檢查了日本的檔案，查尋有關那艘屢建功勳的潛艇的資料，但是沒有得到絲毫線索。它沒有被敵艦擊沉，當時日本軍並沒有跟它遭遇。到今天爲止，找不到任何資料說明它的下落，它和艇上五名軍官和五十四名士兵一起，在「魔鬼海」的無底深淵中消失得無影無蹤。

雖然「蝎魚」號不知去向，但人們並沒有忘記它。海軍把它的英勇戰績記入了史冊，以表彰隨它喪命的官兵，並以它的名字命名一艘最新的潛艇，作爲對它的最高嘉獎。

這艘最新的「蝎魚」號，於一九五九年十二月十九日，在軍樂聲中，由海軍中校馬克西米利安·施密特的女兒伊麗莎白·英格里森夫人主持出海儀式下水。馬克西米利安是第二次世界大戰中，美國海軍在太平洋水域失蹤的一艘潛艇的指揮官、新的核動力潛艇於一九六〇年七月二十九日在康乃狄克州羅頓服役，由諾曼．貝薩克中校指揮。

「蝎魚」號被分配到美國大西洋艦隊第六十二潛艇分隊六中隊，在二十世紀六〇年代初，由於戰績卓著，它一再受獎。

這艘潛艇主要在百慕達、佛羅里達、波多黎各附近水域研究潛艇戰術。它既充當追逐者，又充當被追逐者，受過嚴格的訓練，能十分熟練地攻擊假想目標，在訓練中爲反潛艇戰備如識集聚了頗爲豐富的資料。這使它榮獲兩次獎勵：一九六三年財政年度大西洋潛艇戰鬥實力競賽獎，和魚雷發射控制操作年度優秀獎。毫無疑問，「蝎魚」號再次成爲美國海軍中的佼佼者。

一九六七年二月，「蝎魚」號進入維吉尼亞州諾福克海軍船廠大修，包括替核反應爐更換燃料，爲以後幾個月的海上試驗作準備。

同年十月，它整裝待命，準備南去波多黎各和維爾京群島進一步訓練，目的是進行武器系統驗收試驗。指揮官路易斯中校的職務，當時已由海軍

中校佛朗西斯．斯萊特里接替。

以諾福克爲基地的訓練活動到一九六八年全部結束，二月十五日，「蝎魚」號接受新的任務——它起程遠航，前往地中海，跟第六艦隊一起參加一次長時間的演習。三月初，它在西班牙的羅培作短暫停留，然後在三月十日到達義大利。

以後兩個月時間，它繼續跟著第六艦隊，在地中海參加了一系列極其成功的演習。當年六月，這艘活躍的潛艇起程返回基地諾福克。

至少到五月二十一日，艇上仍然一片喜氣洋洋。那一天，「蝎魚」號打破了訓練演習中長時期的沉默，跟國內基地取得了聯繫。

「蝎魚」號報告，它當時的位置是在亞速群島附近，一切正常，一星期以內能夠抵達。然而，這是人們聽到它發回的最後資訊。從那之後，這艘潛艇再無音信，沒有收到呼救信號，也沒有一字半句發生事故的報告。

將近一個星期過去了，維吉尼亞沿海不見潛艇的蹤影。海軍發佈了憂心忡忡的布告：「蝎魚」號誤期。

無線電技師竭力設法跟潛艇取得聯繫，但是一切徒勞。進行了一個多星期廣泛的海空搜索，沒有發現一點潛艇的蹤跡。在毫無成效地工作了九天以後，官方把這艘潛艇記入「丟失」艦艇的名冊。

諾福克成立了海軍調查委員會，試圖查明事實真相。但是跟過去常常發生的這類事件一樣，無依無據，沒有潛艇的呼救信號，沒有發生故障的跡象，調查工作進入了「死胡同」。

幾個月過去，潛艇仍然無影無蹤，但是現代技術提供了頗有成效的幫助。攜帶電視錄影機的潛艇往返於亞速群島和諾福克之間，「蝎魚」號特定航線的深海域，對大西洋底拍照。十月二十九日，在一萬多英尺深處，這艘沉沒的潛艇被美國軍艦「邁扎（T-A90-11）」號找到了。它的殘體埋沒在大西洋中部離亞速群島西南約五百英哩處滿是淤泥的海底，那是舊日「大西洋危險區」的邊緣。但它究竟爲何失事？軍方全然無頭緒。

兩艘「蝎魚」號的神秘失蹤，再一次給神奇的海底世界增添了新的秘密，也爲探索艦船失蹤之謎的人提出了新的難題。

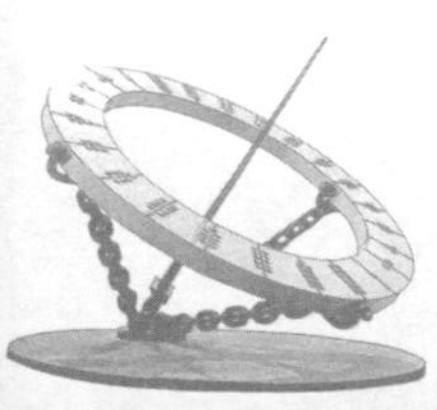

PART 4.

海底金字塔由誰建立？

藏身百慕達三角區海底下，
這座巨大而神秘的金字塔，
如果是人工傑作的話，
那麼，不但科學史將要作修改，
甚至全人類的歷史都要改寫。

金字塔水晶球的神奇魔力

據說將手靠近水晶球的內部，「金字塔魔力」會明顯地增大。一般認為它具有治病的效果與深化冥想的效果，而且還曾經獨自發光。

有些研究超文明現象的科學家認爲，在神秘的海域裡，一定隱藏著外星人所建立的高級文明。

不管是不斷被發現的海底城市、海底金字塔、尖端通訊系統，或是出沒無常的超級潛艇，絕非這一代地球人所能完成。而且，這些來自外太空的智慧生物，極有可能已經在地球建立了極爲先進的海底基地，正監視著地球人的一舉一動。

在大西洋西部，著名的百慕達三角海域，充滿著神秘而恐怖的力量，經常有飛機或船隻在此消失，而且，在它變化劇烈的海底深處，似乎可以看見巨石遺跡若隱若現。

美國的沉船探險家雷·布朗博士，於一九七〇年的夏天，在這個海域的巴哈馬群島附近潛水，從當地的海底遺跡中，發現了非常不可思議的「金字塔水晶球」。

現在，這顆「金字塔水晶球」已經成爲發現者個人的財產，存放於亞歷桑那州梅莎的自宅裡，尙未接受正式的科學調查。

不過，根據布朗本身，以及直接接觸過這件不可思議之物者所提出的報告，它簡直比鼎鼎大名的「馬雅的水晶骷髏」更神秘，是一件具備高度技術的超文明物品。

由材質的外觀與光線的折射度來看，「金字塔」的確是水晶（石英結晶體）沒錯，然而，令人不解的是，它卻有著金屬的質感，實際重量也比一般的水晶重上一·五倍。

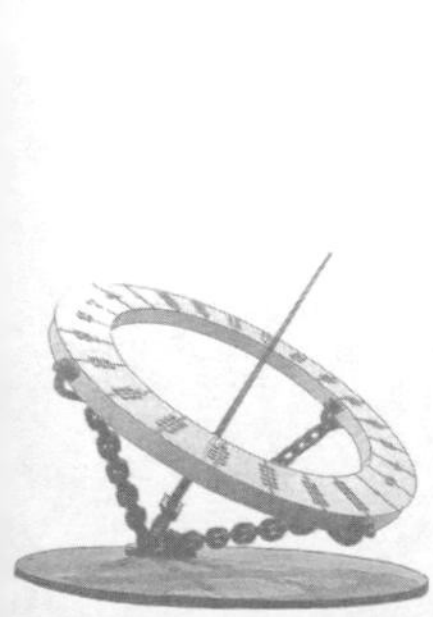

這顆水晶球的最大特徵，是依據觀看角度的不同，在半透明的中心部位，可以大略看見完整的金字塔黑影圖案若隱若現，令人直呼不可思議。

這座「黑色的金字塔」，只有從一定的角度才看得清楚，隨著觀看角度的偏離，會越來越模糊。而且，仔細一看，不只一個，至少有三個以上的影子重疊在一起。

從這顆水晶球的側面看這群金字塔，更可發現黑影是由類似電子格網的上千萬條微弱格網線構造而成。

因此，實際上，金字塔存在於直的、橫的、斜的所有方向，金字塔裡還有金字塔，無限地交互重疊，從正面看則是一座屹立不搖的金字塔，構造真是不可思議。

要製作出如此構造精巧的水晶球，需要足以匹敵現代科技的技術，然而，這顆水晶球不可思議的地方，還不僅止於此。

例如，將指南針擺在它的正上方，指針會朝順時針方向轉動，不過當指針偏離約五公分左右，又會朝逆時針方向轉回去。如果用手在上面揮動，就好像刮起離子的流動，因而感受到刺痛，而且會依據距離表面的遠近，交互感覺出冷與熱。

更進一步，據說把手靠近水晶球的內部，所謂的「金字塔魔力」，將會明顯地增大。一般認爲，它具有治病與深化冥想的效果，而且，還聽說它曾經在一次偶然的機會中，獨自發光。

此外，研究這顆水晶球的超能力者異口同聲地說，從思考力開始，所有型態的能量都可以增加幾十倍，隨著使用的方法，可能有益，也可能有害。

根據許多亞特蘭提斯存在論者的主張，這顆「金字塔水晶球」的發現地點，屬於沉沒之前的亞特蘭提斯文明西境殖民地海域。另一方面，雖說它是石英結晶體，卻含有驚人的科學技術。

也因此，這件超文明物品所無法解釋的各種不可思議作用，或許正訴說著太古時代繁榮一時的亞特蘭提斯文明科技的特殊性。

外星人的秘密基地？

百慕達三角出現的飛碟實在太頻繁，而且又常有飛機、船隻莫名其妙地失蹤，人們自然將一系列失蹤事件與外星人聯繫起來。

許多飛碟研究者認爲，海洋和沙漠是外星人的理想基地。

譬如，在中國大陸內蒙古和新疆的茫茫戈壁上空，以及非洲的撒哈拉大沙漠，就經常有飛碟出沒的消息傳出，這些訊息說明了外星人好像很喜歡人煙絕跡的地方。

一九七九年九月二十日前後的一個晚上，深夜一點左右，在新疆距離塔克拉瑪干大沙漠僅幾十公里的一個農場裡，某個技術員偶然發現天空有一個狀如滿月的橘紅色飛行物，它比月亮稍小，邊緣十分整齊，飛行速度極快，兩、三分鐘後便消失在西方地平線。

那名技術員指出，它絕不可能是飛機，因爲形狀完全不同，而且飛機不會無聲無息。它也不可能是氣球，因爲當晚刮西南風，氣球無法逆風飛行，更不可能有超過音速若干倍的速度。

在戈壁周圍的奇台、阿勒泰地區，也曾多次發現不明飛行物，這證明了飛碟確實常出沒於中國大陸的西北沙漠一帶。

有位太空科學家表示，從大量的飛碟目擊案例可以看出，外星人降臨地球的主要目的，是進行全面考察和採集各種需要的標本，他們似乎還不想與地球人公開交往。

有鑑於此，如果他們真要在地球上建立永久性基地，占地球表面七十%的廣袤水域，正是最理想不過的地方。

在世界的各個海域都有飛碟出沒的案例，其中，出現最爲頻繁者，當數神秘的百慕達三角區。

許多軍用和民航機的駕駛員，海軍和民船的水手、漁民、記者、研究

人員，都曾在這塊海域或空中目擊過各式各樣的飛碟。

此外，截至目前爲止，已有數以百計的各種飛機、船艦，於狀態極爲良好的情況下，轉眼之間在百慕達地區消失得無影無蹤。

就連美國甘迺迪角空軍基地發射的三枚帶有彈頭的火箭，也莫名其妙地掉進了百慕達三角的神秘海域，誇張的是誰也測不出火箭墜落的精確位置，自然也就無法打撈。

在百慕達三角水域下，人們已經發現了不少的人工建築，和兩座巨大的金字塔，顯然不是生活在地球陸地上的人類建造的。

在這個水域裡，除了有所謂的「幽靈潛艇」出沒之外，人們還發現過一些無法解釋的東西。

例如，一九九六年九月，一個名叫馬丁．梅拉克的探險家，在離佛羅里達海岸數公里的十二公尺深的海水中，看見了停著一個形狀如火箭的東西，並立刻通知美國海軍總部。

可是，就連美國最優秀的專家們也不知道那是什麼東西，顯然不是地球人建造，無從辨視。

由於在百慕達三角出現的飛碟實在太頻繁，而且這裡又常有飛機、船隻莫名其妙地失蹤，人們自然將這一系列的失蹤事件與外星人聯繫了起來。一些飛碟專家經過長期的分析研究後做出推測，百慕達三角可能是外星人在地球上建立的基地總部。

茫茫深海底，是否真藏著高科技的外星基地？

關於這個問題的答案，短時間內，可能還求不出真正明確解答。

海底金字塔由誰建立？

藏身百慕達三角區海底下，這座巨大而神秘的金字塔，如果是人工傑作的話，那麼，不但科學史將要作修改，甚至全人類的歷史都要改寫。

百慕達三角區海域，曾經使無數的船隻、飛機和人員神秘地失蹤，因而引起科學家的種種揣測。

其中，有一種假設性猜測認爲，百慕達三角區海域深處，有一股極爲強大的磁力，可以使船隻、飛機的羅盤失靈。

也有人認爲，百慕達三角海域的南部，就是失蹤的亞特蘭提斯文明所在地，所以它的海底下面，一定埋藏著古代文明的某些神秘之物。

甚至有人大膽提出假設，那個時代的原子核廢料堆集場，就在百慕達三角海域底下。

這種假設聽起來似乎是天方夜譚，可是，一則出乎意料的新聞卻使人在大爲吃驚之餘，發現它並非全無道理。

一九七七年四月七日，法新社發自墨西哥的一則電訊說，科學家們在百慕達三角區的海底，發現了一座規模不亞於埃及古夫王金字塔的金字塔，這真是一件駭人聽聞的事。

埃及以擁有許多金字塔而著稱，而事實上，除了埃及之外，在墨西哥、宏都拉斯、秘魯……等地，即古代馬雅人活動的地區，也曾先後發現有金字塔式的宏偉建築。

然而，馬雅的金字塔和埃及的金字塔略有不同。埃及的金字塔是尖頂的，而馬雅的金字塔的頂端卻是一塊平台，相對而言，馬雅金字塔大都比埃及金字塔要小上一些。

藏身百慕達三角區海底下，這座巨大而神秘的金字塔，是由一位美國

海軍上校所發現。

儘管當時許多人、包括海軍上校本人在內，都不太相信這是真的，但是，聲納探測裝置上清楚地顯示出，這座金字塔位於上百公尺深的海面之下，高度約為二百三十公尺，邊長三百公尺。

金字塔的四周是平坦的海底，沒有火山噴發過的痕跡，也沒有海底山脈從中橫過，不像是因地殼運動造成。

於是，美國相關部門組成一支探險隊，到該地區從事進一步的探測，使用深水潛艇、攝影機等先進探測設備，希望能夠揭開海底金字塔的真相。

如果證明海底金字塔是人工傑作的話，那麼，不但科學史將要作修改，甚至全人類的歷史都要改寫。

直到目前為止，沒有人相信，這座金字塔是在海水下面建造起來的。因為，以現代科技能力來說，要在上百公尺深的海底建造如此龐大的金字塔，是不可能的事，況且找不出必須修建在海底的原因。

科學家推論，這座金字塔原先是建造在地面上的，而如今會在海底被發現，想必一定是因爲陸地下沉的緣故。但是，在短短的數千年中，這塊陸地怎麼可能「沉入」那麼深？是否因爲這塊陸地的下面，是一塊巨大且構造不穩的海底盆地？

如果這種推論正確，那麼，這塊原來被用來修建大金字塔的陸地不但沉入海中，而且沉得比原來的海底還要深一些，又是什麼原因導致？

我們只能期待，讓不斷進步的科技引導，逐漸地突破疑雲。

藏身海底的「水中金字塔」

「水中金字塔」的大小非常接近埃及著名的古夫王金字塔，至於傾斜度的角度，也幾乎一樣。

你相信海面下有古老建物，甚至是文明的存在嗎？

現在的海洋，約在一萬二千年前，隨著最後冰河期結束，海面上升而形成。但是，另一方面，人類文明的誕生，最多只能回溯到六千至七千年。因此，海洋底下不可能會有人工建造物的存在，這是科學上的定論。

近年來，一連串海平面下疑似亞特蘭提斯遺跡的發現，正統考古學界的態度一直相當冷淡。

面對佛羅里達海灣發現金字塔的消息，科學界也抱持極度懷疑。

佛羅里達史蹟保存局的凱洛溫．瓊斯博士便說：「不太可能是真的。水深三公尺以上的佛羅里達海灣的海底，有人工石造建築物存在的可能性，不到一百萬分之一。比三公尺淺的沿岸，確實曾經發現過考古學上的遺跡，可是，那也只不過是類似箭、獸骨之類的原始遺跡。」

佛羅里達州立大學考古學家古倫．德藍教授也說：「即使是中東最古老的金字塔，也是在紀元前四千年的東西。新世界（南北美大陸）的金字塔，也只有兩千年歷史。如果康威所說的金字塔是真的，那就比最古老的金字塔還要早上幾千年，可是，這是不可能的。」

「我們也曾經在那附近進行潛水調查，可是，卻從來沒發現過那種建築物，這不是很奇怪嗎？」

正統考古學界的反應，大致就是如此。

科學界會如此否定，其中一個原因，是因爲發現遺跡的這些打撈工人們，是以找財寶爲主要目的，基於利益上的考量，不想公開正確的發現地

點，就算有足以證明的照片或錄影帶等證據，也不太會對外發布。

而且，因爲每個水域的潮流、地形、地層變動關係，海底的變化很快速，因此時常發生一種狀況：過去什麼都沒有的地方，突然出現建築物，即使過去曾發現過巨石建築物，也會因爲這些因素而又再度消失，以致造成無法加以再次確認的狀況。

但是，還是有幾個案例，可以提出某種程度的物證，最典型的案例，就是比密尼島。除此之外，在一九七九年的初春，有人公開了「水中金字塔」的水中聲納照片。

地點在百慕達海域，佛羅里達半島南方凱撒爾附近的海底，出海捕魚的東亨利船長的漁船，用聲納捕捉到一些東西。

捕捉到的目標不是魚群，而是出乎意料之外的金字塔型構造物，在聲納圖表上被清楚地畫出來。

從圖表上判斷，「水中金字塔」的高度至少有一百四十公尺，底部各邊長度則有三百公尺。

這是古代遺跡經歷漫長歲月，因爲地殼變動而沉入海底嗎？或者只是泥沙堆積的結果呢？

金字塔一邊的底邊，比另一邊的底邊長，所以，從真正的底部算起，可能比這個預估的高度還高，頂端似乎距離海面有一百公尺。

從大小來看，非常接近埃及基沙台地著名的古夫王金字塔，至於傾斜度的角度，也幾乎一樣。

這種一致性，真的只是偶然嗎？恐怕不是，因爲埃及古代文明很有可能正是建築在亞特蘭提斯文明的遺產上。

來自亞特蘭提斯的水晶球

檢查過這顆水晶球的靈媒、超能力者們全都認為，這是劃時代的裝置，具有可以使思考力等所有型態能源增強數十倍的功能。

地球人類文明史上最大的神秘，無疑就是亞特蘭提斯。

對於這個夢幻般的古代超級文明，自古以來，就有各式各樣的看法與臆測。但是，至少有一點是大家都同意的，那就是這個文明已經達到相當高度的科技水準。其中，甚至有研究者斷言，「足以與現代文明匹敵」或是「超越現代文明」。

可是，若因爲如此，就把我們的想像投影在遠古世界裡，塑造出一個有如鏡中影像似的文明，也未免太單純了。

亞特蘭提斯文明與現代文明之間，恐怕有不同程度的實質差異。這裡有個足以證明這一點，令人感到很有興趣，卻帶有異常幻想色彩的發現。即使當時發現的東西到現在還存在著，仍令人感到不可思議，因爲發現物本身就隱藏著不可解的謎。

地點是在大西洋西部海域，巴哈馬群島一角的貝里群島，大家熟悉的百慕達三角西南角，佛羅里達半島海灣一百公里附近。

一九七〇年左右，住在亞利桑納州梅撒的沉船探險隊，潛水家雷·布朗博士的團體，這一天，因爲突然來襲的強烈暴風雨，緊急到貝里島避難，也因此失去了大部分的裝備。

第二天，暴風雨停止，他們發現船上羅盤的磁針瘋狂亂轉，而且，金屬探測用的磁力計也出現異常，無法使用。

他們離開小島，朝東北方向游去。海水非常混濁，但是，突然在水裡隱約看到建築物群的輪廓。

他們感覺那是海底的都市遺跡，露出了一部分。在昨天的暴風雨之前，這附近應該沒有這種東西才對！

但是，這種狀況在這個海域是很常見的，常常因爲大暴風雨，使大量的泥沙移動，把整個海底的樣貌都改變了。

布朗等人的探險慾望被挑起，立刻潛進去看，然後，他們在那裡發現極爲異常的東西。以下是布朗自己的手記：

「我們五個人潛下去，最後下去的我，因爲睡眠不足與疲勞，越來越跟不上四個伙伴。我在珊瑚上面喘一口氣，想要確定方位。」

「當我隔著混濁的水去看陽光，回過頭那一剎那，宛如鏡子般，光輝燦爛的金字塔型建造物的側影映入眼簾。陽光從它的另一邊照過來，那裡不應該會有那種東西啊！我重新注視了好幾次，想確定不是幻覺。金字塔宛如一幅畫一樣，昂然聳立在那裡，美得令人屏息。」

「當我回過神來，確定那是現實之後，立即採取了行動。」

「我慢慢游過去，發現從海底露出來的，不是金字塔的全體，只是一部分而已。上面露出約三十公尺左右，從形狀來看，規模應該不比埃及知名的金字塔來得小。」

「金字塔的表面是磨得像鏡子一樣的石塊，接合面密到連刀片都插不進去的程度，但是石頭邊緣有斜角，很平滑。」

「頂端蓋子附近，海水形成漩渦，有點危險，我在那裡繞了三次之後，看到在斜面往下十五公尺左右，中央有一個洞。剛才繞行的時候，應該是沒有洞的，現在洞卻開著，但是卻找不到門滑開的痕跡，也找不到門。」

「我深受吸引，潛入洞裡。裡面沒有照明裝置，卻有微量的光。我順著通道前進，來到一個四角形的房間。從我前進的距離與方向推測，應該是位於金字塔上半部中央附近的位置。房間是長方形，天花板呈金字塔型，從頂點處，有一根直徑約十公分的金屬棒往下垂掛。」

「室內的中央，有雕刻的石造台座，上面放置著幾個邊緣刻著漩渦圖樣的石盤，上面放著仿製人類雙手的金屬加工物。」

「但是，吸引我目光的，是那雙金屬手上，放著直徑約十公分，發光

的美麗水晶球。因爲往水晶球裡看，裡面有黑黑的金字塔的影子。」

「正上方，有一根從天花板上垂下來的金屬棒，末端裝了一顆黑色的石頭，這塊石頭的前端，有尖銳的切面。在台座的四周，排列著七張大石造椅子，其中一張放在石壇上面，比其他的椅子略高。」

「我游到天花板上，兩腳用力蹬，想要把金屬棒拔起來。看起來是金子，可是手碰觸的感覺非常堅固，棒子動也不動，我立刻放棄了。但是我仍想帶點證物回去，所以我拿出刀子，想要削下棒子的表面。可是即使用強化鋼鐵的刀子削，那棒子的表面卻連一點擦傷都沒有。」

「我來到地面上，坐在其中一張大椅子上。有扶手的椅子坐起來很舒服，喘一口氣之後，我的視線再度被那顆發出微光的水晶球吸引。」

「金屬雙手是棕色的，內側帶著與棒子相同的金色，不同的是似乎曾遭遇高熱強大能源燒過似的，都燒焦了，所以，當我伸出手的時候，有點害怕。當我奮力拿起水晶球，卻什麼事情都沒發生時，我還真是鬆了口氣。」

「不知道爲什麼，那一剎那，我的心充滿了和平。下一剎那，我覺得我好像聽到聲音。不是耳朵聽到，而是在心裡聽到，很清楚的聲音。」

「『你拿到你想要的東西了，回去吧！別再來這裡！』那聲音說。」

「我當然乖乖聽從。當我從金字塔的洞裡游到外面來之後，往四周看去，還有許多其他各種建築物，看起來忽遠忽近。那些建築物給我的印象，很類似埃及或南美的古代建築物。金字塔不是階梯型的，另外還有很多圓頂狀的建築物。」

「但是，我的氧氣已經快用完了，沒多餘的時間繼續調查……」

有趣的是，布朗的四個同伴也有類似的經驗，聽到類似的聲音，帶回各種奇妙的物品，據說都是用途不明，不可思議的工藝品。

可是，從那天之後，不知道爲什麼，五個人就漸行漸遠，後來就不再見面了。除了布朗之外，其他四個人，有的在百慕達海域潛水出意外而死，有的人最後失蹤。而他自己，據說會去其他海域潛水，卻絕對不再次靠近發現水晶球的水域。

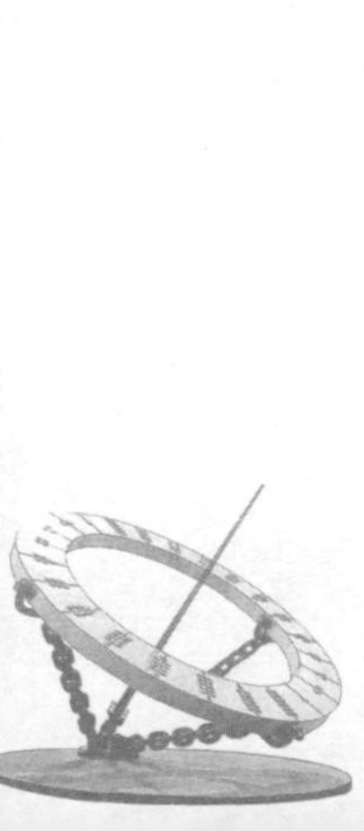

那一顆神秘的水晶球，因為裡面封存著金字塔的影子，因此被命名為「金字塔水晶球」，現在還在布朗手上，慎重地被保管著，除了演講時會公開展示之外，就很少亮相了。

若相信布朗或實際碰觸過的人的證詞，那麼這顆「金字塔水晶球」，具有極為異常的性質。把手放在上面，似乎有離子流吹上來，會感到麻麻的，視皮膚與表面的距離或遠或近，會感受到冷或溫暖。

將方位磁鐵放在上面，指針會以順時針方向轉動，可是，若遠離五公分左右，就會開始變成逆時針方向轉動。放在金字塔構造體內部的話，金字塔威力會顯著增加。有時候，本身還會發光。

它確實會發出某種不可思議的能源，會使放在它旁邊的東西增強力量，若放在陽光下，能源會變得更強。

此外，也會與人體產生相互作用，周圍人越多，能力越強。一接觸，內臟的痛就會消失，具有治療效果。但是，也有人相反，一碰就開始感到痛苦。

將水晶球放在身邊進行冥想的話，可以非常深入冥想狀態，據說布朗自己曾有多次靈魂出竅的經驗。

檢查過這顆水晶球的靈媒、超能力者們全都認爲，對人類而言，這是劃時代的裝置，具有可以使思考力等所有型態能源增強數十倍的功能，有益或有害，端看使用的方式。

但是，對於水晶球發揮的能力的增減，是否與月亮或太陽的週期等自然現象的循環或模式有關，目前雖然做了很多調查，卻還是不清楚。

關於這顆水晶的材質，外表看起來，由於光線的曲折度變化，雖然是水晶（石英結晶體），可是，卻給人有一種金屬性質的感覺，事實上，它的重量是普通水晶的一．五倍，說不定這與封存在內部的「金字塔」有關。

事實上，就如同名字一樣，這顆水晶球的最大特徵，是在半透明的內部中心附近，可以看到一座有如煙水晶似的，完整的金字塔狀黑影。不可思議的是，只能從一個固定的方向才看得到，而且，仔細看去，金字塔不是一座，而是三座重疊在一起。

據說在特別的條件下，還會有第四座金字塔出現在三座金字塔的後面。

從側面看這幅金字塔像群，可以發現，就像電子柵極（Grid）似的，由數千個微小的柵極線組成。因此，實際上，縱、橫、斜，那裡存在著一個面向任何一面的金字塔，金字塔裡面還有小金字塔，裡面還有小金字塔……可以無限重疊。然後，外表看來，就可以從正面看到一個大金字塔，真是很奇妙的構造，令人讚嘆。

它在疑似亞特蘭提斯遺跡中發現，因此有人懷疑它會是代表這個超高文明的一種神奇象徵性物品嗎？

廣闊汪洋裡，果然藏著無窮的奧秘。

超自然的魔力襲擊飛機

造成此次事故的直接原因是左翼折斷，但是整個墜機事件卻顯示，飛機遭到某種超自然的神秘魔力襲擊。

一九六三年二月十二日，北美地區發生一樁相當離奇的墜機事件，一架加拿大籍的私人飛機在飛往尼加拉瀑布途中，突然被空中一股莫名的力量扯斷機翼。

這架私人飛機屬史蒂芬生所有，他載著三位乘客，正欲飛向尼加拉瀑布，計劃由空中俯瞰伊利湖與安大略湖的壯觀景緻。但是，當飛機快到尼加拉瀑布時，突然左翼被吹折一半，飛機立刻旋轉落下，墜毀於地上，造

成四人當場死亡。

根據事後美國與加拿大官方聯合調查小組的調查顯示，造成此次事故的直接原因是左翼折斷，但是整個墜機事件卻顯示，飛機遭到某種超自然的神秘魔力襲擊。

因爲，飛機機翼折斷，起因究竟是金屬疲勞或是由別的因素所引起，在判定的技術上並不困難。

鑑識專家指出，若是因金屬疲勞而引起斷裂，機翼斷裂的情形應該是慢慢發生的，而且在接受定期檢查時也會被維修人員發現。

他們表示，假如是長期氧化所引起的金屬疲勞，那麼斷裂部位應會形成氧化特徵的斷面；但若是因爲遭到外力強烈撞擊而受損，則斷面會具有亮麗的光澤。

鑑識人員研判，這架飛機的斷面屬於後者，而且情況就像是飛行於龍捲風中，受到相當猛烈的撞擊，致使機翼被強行拉斷。

但是，讓鑑識人員百思不解的是，當天並未發生龍捲風，而且當天的風速，根據調查也僅只有三公里左右而已。

爲了深入查明此次怪異事件，有關方面特地延聘氣象學家進行氣象測定，所得的結論是：「反覆進行過對機翼施行衝擊的實驗，但是，都無法吹掉機翼。」

儘管人類的科技文明一日千里，聯合調查小組進行了多次模擬實驗，但直到目前，仍無從確定造成此件慘事的主要兇嫌，使得這次墜機成了解不開的懸案。

有人認爲是該處的天空中有一種「超自然力量」，也就是一股「魔力」造成這次不幸，你相信這種說法嗎？

PART 5.

魔鬼三角藏著時光隧道？

要是空間中某特定點的時間速度不同於其他地方，
那麼陷入時間陷阱裡的輪船或飛機，
就會回到過去或者進入未來世界。

「異常區」不只有百慕達？

全球共有十二個異常區，幾乎呈相互等距離地分佈著，彼此間隔的經度為七十二度。北半球六個異常區中，百慕達三角占首位。

百慕達群島位於北大西洋西部海域，西距與大陸最近處的美國南卡羅納州約九百二十七公里，由三百個大小島嶼和成群礁石組成。

近幾十年來，屢屢有飛機和船隻在這個三角形海域失事，據統計，約有將近上百架飛機、兩百多艘船艦連同一千多名駕駛員、乘員於此消失得無蹤無影，且絕大多數連飛機船艦的殘骸碎片、油漬或人員屍體都沒有找到。

事實上，船隻在這個海域失蹤或沉沒的可怕情況，並不是近幾十年的事，從十六世紀以來就屢見不鮮。

詭異現象引起了各國航海科學家的極大關注，並努力投入研究，力求探索並解開其中奧秘，但都無法找出真正令人信服的準確答案。

因此，很多人把這塊三角海域稱爲「魔鬼三角」、「死亡三角」。

美國學者伊凡・桑德松博士收集了不少資料，對百慕達三角區發生的飛機、輪船失蹤事件做了較詳細的論述，正式對「百慕達三角之謎」展開研究，並稱它爲「世界上最神秘海域」。

他和「無法解釋現象研究協會」於一九六八年指出：類似百慕達三角這樣的異常區域，在地球上的其他地方同樣存在，飛機或船隻若是航行經過，遭遇災難的機率普遍提高，且失事因素通常與天氣或設備損壞無關。

他們認爲，全球共有十二個異常區，幾乎呈相互等距離地分佈著。倘若將這十二個異常區域全部標出，並且從一個區向另一個區畫線，那麼可以看出，整個地球被畫分成二十個等邊三角形，而每個異常區部位於三角

形的接合點上，好似出於大自然的精心安排，巧合得令人驚歎。

其中，有十個異常區的地理位置在南、北緯三十度的等距線上，彼此間隔的經度爲七十二度，另外兩個異常區則位在南極和北極。北半球六個異常區中，百慕達三角占首位。至於南半球的六個異常區，未提及發生的事故，是伊凡．桑德松博士等人的假設。

伊凡．桑德松博士提出的論述，更爲百慕達三角蒙上一層神秘的色彩。從此以後，許多文人開始運用他們的生花妙筆，將百慕達三角描寫成一塊極其神秘詭異的海域，報刊雜誌、書籍、廣播、電視中，經常出現有關百慕達三角的軼聞故事，離奇古怪的情節吸引了全世界千千萬萬的讀者與觀眾，「魔鬼三角」成了對百慕達海域的普遍稱呼。

不禁要問，百慕達「魔鬼三角」真的是任何飛機、輪船，甚至是任何人都不能通過的禁區嗎？

事實也不盡然。曾有一位波蘭飛行員，三十多年來幾乎每年都在這塊三角海域活動，每次都安然無恙地通過，從來沒有碰上任何意外。

以上並非唯一的特例，事實上，百慕達三角是連接大西洋與南北美洲的交通要道，海上和空中運輸繁忙，每年都有許許多多的飛機和船艦通過，往來相當密集頻繁。

爲什麼有些飛機和船艦能夠安然通過、平安無事，有些卻神秘失蹤呢？

爲什麼失蹤案件大都發生在天氣晴朗、海面風平浪靜的日子？

事發之後，爲什麼時常連半點油漬、碎片和屍體都找不到？

種種奇異現象究竟應如何解釋？倒底是什麼原因所導致？

接下來的篇章，就讓我們一起深入了解，科學家們爲解開百慕達之謎所提出的諸多理論和假設。

平靜海面下的步步危機

陽光以六十度到七十五度左右入射角照在直徑約一千公尺的漩渦中，聚光焦點可達幾萬度，使飛機、船艦頃刻間熔化或爆炸。

時常前往溪流、河川或海濱游泳的人必定知道，很多時候，看似平靜的水面下會暗藏著凶險，例如暗潮與漩渦。

有些科學家認爲，船隻之所以在通過百慕達三角海域時突然失蹤，可能是由於這個海域存在某種規模極大、威力極強的可怕漩渦。

深入探究地形與地殼分佈等資料後，可以發現，百慕達三角正是令人驚異且知名、最澄澈透明的「馬尾藻海」所在，更是熱能聚存的場所。它的海底地貌，西側靠近大陸和群島，附近是寬闊的大陸棚，東隅是深九千一百一十五公尺的波多黎各海溝，往外是深六千公尺以上的北亞美利亞海盆，北端的百慕達群島周圍卻又凸起於四周深海盆的海台。

「馬尾藻海」周圍的海流複雜，邊界不是陸地，而是由大西洋幾個洋流（墨西哥灣流、加那利寒流和北赤道暖流）結合成的逆時針環流構成。

有一位美國學者曾提出，漩渦旋轉的方向與地球自轉有關係，所以北半球的漩渦旋轉方向多爲逆時針。

墨西哥灣暖流經過佛羅里達海峽，在百慕達三角海域匯合幾股流向不同的小海流，形成巨大海流，對航行的船隻構成極不利因素。高十幾或者數十公尺的大海浪，絕對足以把大型船隻硬生生折爲兩截，完全吞噬掉。

但是，另有一些氣象學家提出不同意見反駁：「就算是洋流匯集，也不會造成那種規模的海浪，更不可能把一艘上千噸甚至萬噸的大船捲入海底，不留下任何殘跡。」

有些學者認爲，百慕達三角海域可能存在兩股或更多反向奔流的水流，

導致介面水質密度不同的現象，就是所謂的「內在波濤」。由於潮汐返流，使海水產生震流，表現出來，就是大尺度垂直攪動的可怕漩渦。

有些學者認為，在從波多黎各吹來的強大北風，和海洋深處洶湧波濤作用下，可能造成高達數千米的「內在瀑布」和逐漸下降的巨大水流。由於「內在瀑布」在海面上幾乎是不現形跡，因此人們無法從海洋的表面看到，但在一定的條件下，質量巨大的海水會在下降時因極高速度激發出驚人能量，形成直徑達數公里、深數百公尺的巨大漩渦，使不幸經過的船艦葬身海底。

其次，大安地列斯群島常遭可怕的颶風襲擊，且多來自百慕達三角海域方向。颶風掀起巨浪，常會形成十幾公尺高的水牆，有時還可能產生龍捲風，把海水吸到幾百公尺或幾千公尺的高空中。如果航行於百慕達三角的船艦和飛機碰上這種現象，必定逃不了粉身碎骨的命運。

另有一位研究漩渦的學者認為，一個中等規模的漩渦，就等於是一面凹透鏡，太陽光照射在當中，聚光焦點將產生很高的溫度。他做過一次實驗，把強光以介於六十度到七十五度之間的入射角，射到類比的漩渦中，結果使這個漩渦的聚光焦點急速升溫，甚至到能夠點燃一張薄紙片的程度。

根據這次實驗的結果，他大膽斷言，百慕達三角海域有許許多多的巨大漩渦存在，就等同於許許多多的巨大「凹透鏡」。當太陽光以六十度到七十五度左右的入射角，照在一個直徑約一千公尺的漩渦當中，則聚光焦點的溫度就可達幾萬度，足以使飛機、船艦頃刻間熔化或爆炸。

夜晚沒有太陽光，漩渦無法聚光，但由於旋轉速度極快，必然引起電磁場擾動，進而使羅盤和其他的航海儀錶失常，讓飛機、船艦迷航。

有位領航員提出另一種論斷，他認爲，當大氣層中的各層形成某種特定的分佈狀態時，可能會產生「反旋風」，這時，空氣流動不像通常的旋風那般從上而下，而呈現相反狀態。可以想見，被捲入「反旋風」飛機和船艦，也只能面對毀滅的下場。

但這畢竟只是一種推斷，是否真有「反旋風」存在？又可能會造成什麼樣的危害？凡此種種，都還未能找出科學的證據。

穿越美洲大陸的神秘「水橋」

阿隆森提出一條獨特新奇的見解：在百慕達三角海域與東太平洋大杜聖島之間，存在著天然的海底「水橋」。

有些學者認爲，遠古時代，大陸漂移過程中，經歷過千百萬年之久，在百慕達三角的海底地殼上形成一些陷坑或空穴。

到了近代，此處地殼運動仍然頻繁，大安地列斯群島經常發生地震就是最好的證明。地震發生時，空穴頂端可能會坍塌、凹陷，就像海底「張開大口」似的，使海水急劇地湧入其中，如果洋面上正好有船艦經過，遇到這種情況，就會隨之被吞沒，不留下任何痕跡。

儘管聽來煞有介事，但有不少學者對上述推測持懷疑態度，因爲從地震觀測站的資料來看，百慕達三角海域地殼從沒有發生過「張開大口」現象，更別說是足以使海面船艦被吞沒的劇烈程度了。

二十世紀七〇年代，美蘇兩國科學家曾聯合考察過百慕達三角海域的洋流結構，獲得許多過去科學家們不如道的新鮮資料，但是並沒有發現海底「張開大口」的驚人情況。

另有一些學者提出了一個獨特而新奇的看法——百慕達三角海域與東太平洋聖大杜島，兩者雖然相距很遠，彼此卻以一條海底「水橋」相連。

這看法始自一次偶然發現：一日，一位來自東太平洋聖大杜島的友人，告訴瑞典學者斯文．阿隆森一則奇怪的消息，在聖大杜島沿海，有時會看到一些來歷不明的破船殘片。島上所有的居民都感到十分驚奇，因爲當地海域並沒有發生沉船事件。爲什麼會海裡會冒出破船殘片？它們究竟是從哪裡來的呢？大家都想不透，感到十分納悶。

阿隆森對這個消息頗爲重視，經過再三調查核實，證明了聖大杜島沿

海浮湧上來的破船殘片，正是過去在百慕達三角海域神秘消失的船艦。

阿隆森興致勃勃地對百慕達「魔鬼三角」進行了系統的研究，廣泛收集了大量資料，並詳細考察了百慕達群島和聖大杜島之間的海底地質結構，以及複雜的水文氣象情況，從而提出一條獨特且新奇的見解：在百慕達三角海域與東太平洋大杜聖島之間，存在著天然的海底「水橋」。

由於「水橋」的磁場強度極大，迴異於鄰近海面，且變幻無常，從而形成一股威力無比的吸引力，倘若船艦偶然遇到，導航羅盤等儀器將會失靈，導致失事沉沒。海下「水橋」就好比一條輸油管，沉船殘骸從這頭流到那頭，最終從東太平洋聖大杜島海域浮現。

阿隆森向美國哈里斯堡地質研究所提出報告，深獲所長喬納森．史密斯教授的肯定，認爲具有重大價值和可靠性，爲今後進一步深入探究百慕達三角海域之謎提供了新的理論基礎，更指示出一條可信的途徑。

阿隆森的新奇發現和獨特見解，很快便在相關領域引起轟動，吸引了各國科學家的廣泛注意和議論。爲了證明百慕達三角海域與東太平洋聖大杜島海域之間，確實存在一條海底「水橋」，阿隆森先是精確地測定了地球的磁場，然後開始在一個小型水池裡進行水流跟蹤磁場的實驗。

一九八〇年一月，他用一部電腦和五萬公升鮮紅的水，向來自世界各地的地質學家進行一場公開實驗，以驗證自己提出的理論。實驗結果普遍受到肯定，初步證明了在百慕達三角海域神秘消失了的船艦殘骸，確實很可能是沿著海下「水橋」，穿過美洲大陸，來到遙遠的東南太平洋底，然後於聖大杜島海面浮現。

有些學者突發奇想認爲，將來有一天，人們可以利用此一天然的海下「水橋」來改善目前大西洋與太平洋之間的海上交通，只要讓密封的船艦潛入海底就行了，它將會沿著「水橋」從這頭自動流到那頭，既不用太多人力操縱、又不用耗費多少燃料，便能夠穿越美洲大陸。

如果這一設想未來真能實現，到那時，船艦將不必再通過巴拿馬運河，也不必苦心避開可能吞噬它們的「魔鬼三角」。

還有人對此提出另一種設想：如果在聖大杜島海底裝上一塊相反磁極，

那麼就可以抵消掉這一危險的水下磁場，使「魔鬼三角」不再是令人聞之色變的船隻墳場。

可儘管如此，仍有不少學者對阿隆森的新發現和獨特見解持懷疑、否定態度，甚至認爲不過是種「根本無法實現的神話」。畢竟截至目前爲止，還無法真正在百慕達的茫茫海底找出一條溝通兩大洋的「水橋」。

引人入勝的假設與真實之間，究竟還有多遠的距離？只能不無遺憾地說，這個問題，恐怕短時間之內還求不出真正的解答。

探究次聲波的殺傷力

次聲波是人耳聽不到的聲音，破壞力卻大得令人驚奇。極度強烈的次聲波能使人因痛苦死亡，使船體破裂、飛機解體。

有些科學家認爲，躲在百慕達「魔鬼三角」海域的「魔鬼」，其實是一種強烈的次聲波，由於具有極大的破壞力，因而成爲使飛機和輪船墜毀沉沒、乘員死亡的主要兇手。

早在二十世紀三〇年代，蘇聯地質物理學家舒列金就發現了由海浪產生的次聲波。其後，許多科學家發現火山爆發、地震、打雷、飛機飛行、風暴等等活動，也都能夠產生大小不一的次聲波。

在暴風雨即將來臨之前，空氣中會發出次聲波震盪。這是氣流受到浪峰的拍擊所產生，在空中以每秒三百多公尺的速度傳播，在水中傳播速度更快，可達到每秒一千六百五十公尺。

次聲波是一種人耳聽不到的聲音，破壞力卻大得令人驚奇。若次聲波的振盪頻率為六赫左右，將可能使人產生疲勞感，隨後因為焦躁不安引發本能的恐懼。將頻率提高到七赫，能使心臟和神經系統陷入癱瘓狀態。強烈的次聲波能使人因痛苦而死亡，也可能使船體破裂、飛機解體。

一九七〇年，一架美國飛機飛越百慕達三角海域上空，竟從雷達螢幕上消失了十分鐘，飛機著陸後，發現所有機上鐘錶都比地面慢了十分鐘。

一九七七年二月，一位探險家和他的四個夥伴，乘一架水上飛機進入百慕達三角探險，在那裡逗留了數天。

一天晚上吃晚飯之時，他們竟然發現異象——正在使用的刀叉突然彎曲變形，與此同時，飛機上的十幾把鑰匙也都全部扭曲變樣，甚至連羅盤上的指標都偏離了四十度之多，嚇得他們立刻逃離，不敢再繼續逗留於這塊充滿詭異傳說的海域。

有些學者猜測，之所以會出現上述奇怪的現象，可能是由於遇到了較弱或中等強度的次聲波振蕩。

也有相關人士不同意上述看法，認爲唯有高強度次聲波才會對動物和人體發生影響，但那是在密閉空間中進行試驗所觀察到的現象，自然情況下，產生高強度次聲波的機會極小，機率微乎其微。

即便曾有科學家提出「次聲波武器」之類構想，並證明了次聲波的殺傷力，但一切仍停留在假設階段。

次聲波可能在同一海域頻繁地出現嗎？即便有，又足以釀成數百年來數不清的失事與失蹤案件嗎？目前尚缺乏真正使人信服的聯繫。

不容小覷的潮汐威力

一位博士研究了百慕達三角地帶船隻和飛機失蹤事件後，發現奇特的規律：出事多在新月和滿月時段。

爲了解開百慕達三角之謎，多年來，人們無不絞盡腦汁，許多精采、充滿想像力的假說紛紛出籠。

有些科學家提出了天然雷射假說，認爲從太陽、大氣層、空氣，直到海洋，都是可能製造出雷射的天然產生源。

太陽是波的發生源，大氣層上層及平靜的海面是光波的發射器，流動的空氣則是特殊活性介質。

在某種特定的條件下，它們會形成一股極強烈的天然雷射，如果飛機和船艦偶然遭遇到，就會立即氣化，化爲烏有，不留下任何痕跡。

自然而然，遇難的飛機和船隻會像憑空消失似的，連半點油漬、碎片或乘員屍體都找不到。

這說法相當聳人聽聞，但只是少數科學家的假說和猜測，還缺乏確鑿有力的決定性證據。

有些科學家認爲，神秘恐怖的百慕達三角之所以會發生飛機和船隻失蹤事件，和當地的地磁異常有關，而地磁之所以異常，又與太陽和月亮的引力作用脫不了關係。

一般而言，太陽和月亮對地球各種綜合作用所產生的動力，在六月和十二月達到最大值，而在三月和十一月則下降到最小值。

月球在環繞地球的橢圓形空間軌道上運動時，產生的潮汐形成力，在新月和滿月期間最爲明顯。

一位物理、數學博士研究了百慕達三角地帶船隻和飛機失蹤事件後，

發現了一個奇特的規律：查定太陽、月亮的座標位置，可以發現出事多在新月和滿月時段，也與潮汐進動力達到最大值時期相符合，普遍發生在每年的六月與十二月。

根據種種奇特現象，他提出一項假說：在百慕達三角區，強烈的太陽或月亮引力引起地殼深處離子化岩漿流動，必然結果就是使三角區出現地磁異常，形成強大而奇異的磁場，干擾飛機和船隻的正常航行，使各種儀器失靈，終致失事沉沒，被湍急水流帶往不知所向的地方，消失無蹤。

魔鬼三角藏著時光隧道？

要是空間中某特定點的時間速度不同於其他地方，那麼陷入時間陷阱裡的輪船或飛機，就會回到過去或者進入未來世界。

美國天文學家傑塞普以及其他一些人，認爲發生在百慕達三角海域的飛機和船隻神秘失蹤案件，可能都是「天外來客」——外星人所爲。他們相信，百慕達三角是這些「天外來客」經常活動的海域，由此導致一連串飛機、船隻、人員的失蹤事件。

一九六五年六月五日，一架大型雙引擎軍用飛機「C-119」號，載著十名機組人員，在飛越百慕達三角區時，突然失去蹤影。消息傳出後，有些

人猜測，可能是被「飛碟」掠走了，因爲這架飛機失蹤時，一艘美國太空船正飛越百慕達三角海域上空，並發現疑似「飛碟」的不明飛行物體。

當時，飛行員麥克奇維特立即把那一不明飛行物拍攝下來。據他的回憶和描述，那東西外表呈圓柱形，四周似有外露的「觸手」。

此類模稜兩可的說法爲「C-119」號失蹤事件抹上一層神秘色彩，後來，這位飛行員在一封回信中寫道：「太空船飛行過程中，我確實看到了某些人稱之爲『飛碟』的物體。這並不是說那就是來自其他星球的飛船，但就我在飛行期間累積的經驗，或是當時其他目擊者的看法，我們都感到不可思議，且無法辨認它究竟是什麼。」

有些人對此深信不已，但也有很多人對上述說法持異議，把飛行員所發現的不明飛行物，解釋爲當時正在軌道上正常飛行的「飛馬」號人造衛星，因爲它有一根長九十六英呎、乍看類似觸手的天線。

但後來經過詳細的計算，發現「C-119」號飛機失蹤時，「飛馬」號人造衛星卻在距離百慕達數千公里遠的太空軌道中遨遊，因此，不可能是飛行員看見的不明飛行物。

又有人接著提出假設，表示雖然與「飛馬」號人造衛星沒有關係，也可能是其他金屬碎片，因爲當時圍繞著地球運轉的人造天體高達一千四百多個。

不明飛行物體究竟是什麼?和飛機的神秘失蹤有什麼關聯?至今仍是完全無解的謎。

近來，有人提出另一種更富想像力的說法，企圖以「時空跳躍」之類的假說來解釋發生在百慕達的失蹤現象。

這種說法本身非常富幻想，然而也與部分不可思議現象相符合。

例如前述案例：一九六八年，美國航空公司一架客機於穿越百慕達三角時，在地面雷達螢幕上突然消失十分鐘之久，該如何加以解釋?有人認爲就是因爲碰上了時空跳躍，因此在這段時間裡，飛機已經離開了我們所存在的空間，進入另一個時空裡。飛機上的鐘錶比地面上的慢，也正說明了在這段時間中，它根本處於「不存在狀態」。

這一假設基於一個論點：時間是可變動的，並非人們一般認定的恆久不變，而是以不同的速度在不同情境中流逝。要是空間中某特定點的時間速度不同於其他地方，那麼陷入時間陷阱裡的輪船或飛機，就會暫時或永久地離開本有空間，回到過去或者進入未來世界。

《百慕達三角》一書的作者查爾斯・別里奇就持這種見解，他寫道：「一位失蹤駕駛員的母親曾表示，有時會有一種奇妙的感覺，似乎她的兒子正在另一個空間的某處活著，只是自己看不到。」

不難看出，這種解釋雖然怪誕、不可思議，近乎於離奇的幻想小說，缺乏實證性，但在無形間給了那些失蹤者的家屬一種可供寄託的安慰。

發現驚人的海底遺跡

一九六三年，美國海軍在波多黎各東南部發現一個「怪物」，派出軍艦追蹤，想不到一連追了四天，仍沒辦法追上。

長久以來，人們一直懷抱著疑問：在數千公尺深的海底，是否真能找到沉沒的古老文明？

在對百慕達三角海域進行查探時，科學家們發現了驚人的遺跡——巨大的海底金字塔。塔的底邊約長三百公尺，高約二百公尺，塔尖距離海面一百公尺左右。金字塔上有兩個巨大的洞，水流以驚人的速度流過，使這一帶海面霧氣騰騰，浪潮狂湧。

這一發現，爲揭開「百慕達三角」神秘面紗的研究，指引出一個新方向。人們認爲營造這種金字塔的建料，可能是一種含有氧化鐵的巨大石塊，由於它受到海浪長期衝擊和地磁場的作用，表層磁化到飽和狀態，以後又逐層深入，使整座金字塔成爲一塊巨大的永久磁鐵，磁感應強度驚人。

可以想見，由於這座金字塔具有極強的磁性，不僅會干擾羅盤和無線電的正常工作，還可能將駛經海域的輪船和飛機吸入海底。

除此以外，還有人提出「重力場異常」說法。

一位美國太空人，有一回在飛越百慕達三角上空時，拍攝到分辨率極高的海平面照片。後經分析發現，波多黎各海溝上方的海平面，竟比其他海域略低，凹陷達好幾公尺。

這種異常狀況，照理會形成強大的海洋迴轉流，實際上卻沒有，爲什麼呢？事後，一些科學家對波多黎各海溝進行探測，發現它深達九千兩百一十五公尺，所以不會產生迴轉流。

這處海溝之所以特別深，據同一批科學家考證，是由於溝下地殼內聚集著許多非同尋常的超重物質。這些物質產生出一股強大的吸引力，即異常重力，把海溝拉得緊緊的，同時又使上方的海水向下陷落。

由此，科學家們提出推測，一旦輪船進入突然低下達數公尺的海面，又受到異常重力場的作用，免不了將遭遇種種難以想像的複雜局面，更導致不堪設想的悲慘下場。

當然，我們知道以上一切都還只是推測。由於種種科學假說都不能令人完全信服，於是有人提出說法，認爲在百慕達三角一帶存在著超自然力量，甚至相信「魔鬼三角」既是外星人發射火箭和飛碟的根據地，更是接待來自其他星球太空船的最理想地點。

他們猜想著，在史前階段，很可能有來自其他星球的外星人，發現了百慕達三角這個地方，並在海底安裝了強大的能源點和信號系統。

設想這種裝置至今仍在運轉，按時向宇宙空間發出信號，指引來自外星的飛碟更安全地靠近地球。而當這些水下裝置定時運轉時，發出的強大信號能量不僅會直接且嚴重地影響導航儀器或人體器官，更會把正好經過

的船隻和飛機擊毀。

近年來，世界各地關於飛碟的目擊報告不斷增多，其中又以佛羅里達與巴哈馬群島地區最多，於是有人推測，絕大多數在百慕達三角發生的船隻和飛機失蹤案件，都是飛碟做的好事。

一九六三年，美國海軍在波多黎各東南部海面下發現一個「怪物」，派出軍艦追蹤，想不到一連追了四天，仍沒辦法追上，它可以鑽到八千公尺深的海底，外面有一個很大的螺旋槳，形狀怪異，無法辨識。

此外，當地沿岸採海綿的工人們，也曾在海中看到一種體積相當大、圓頂透明的怪東西。

種種現象使人禁不住提出懷疑，認爲百慕達三角可能是外星人的海底基地，世界各地有時可見的奇形怪狀、神出鬼沒的飛碟，全部都由此發射。

是真實，還是荒唐神話？

隨著科學技術的突飛猛進，相信必有一天，會徹底揭開百年不解的謎題，破譯神秘故事背後、百慕達三角的真正面貌。

前幾年，據一些報刊報導，美、法等國幾位科學家在百慕達西部海域底下，發現了一座巨大的海底「金字塔」。這座「金字塔」底邊長三百公尺、高兩百公尺，塔尖距海面約一百公尺。

對它進行詳細調查之後，發現這座海底「金字塔」身上有幾個巨大的洞，海水以驚人的高速度從中流過，從而使這一帶水域浪潮洶湧澎湃，霧氣蒸騰。

有些科學家提出假想，認為船舶如果駛近海底「金字塔」附近的海面，很可能會隨水流被吸入大洞，葬身於海底墳墓，消失得無影無蹤。

這究竟是可能的事實？還是天馬行空的荒誕妄想？

上述發現令人感到迷惑不解，在波濤滾滾的海底，人們怎能生存、甚至建成「金字塔」？於是有人猜測，這座海底「金字塔」原本可能建造在陸地上，後來由於發生強烈的地震，隨著陸地淪為海洋，便沉到了海底去。

但也有些科學家對上述發現持懷疑和否定態度，他們認為那根本與人工建造物無關，而是天然形成的巨大岩石結構，不過從表面上看去，形狀跟金字塔有些類似而已。

圍繞著所謂「海底金字塔之謎」，許多人編造出稀奇古怪的神話，並力圖為這些神話披上色彩鮮豔的「科學外衣」。

艾利克和克瑞希．烏姆蘭兩人，在《古昔之謎》一書中，便把美洲的馬雅文化與「外星人」以及百慕達「魔鬼三角」揉合在一起。他們認為遠古的馬雅人就是「外星人」，大約四億多年前來到地球上，百慕達三角曾經是活動的基地之一，金字塔可能是他們的供應庫。

美國探險家德奧勃諾維克，曾在百慕達三角海域拍到一張奇妙的照片，滿是漩渦狀白光影像，並懷疑是否遇到了傳說中馬雅祭司留下，目的在保護聖地的能量場。

確實，部份人士認爲海底金字塔可能存在著特殊意義，進而相信這個具有「宇宙能」的能量場，正是致使船舶與飛機失事的根源。

還有一些人猜測，遠古傳說的盤古大陸，約在一萬一千多年前的某一晝夜，由於發生強烈地震，海陸變遷，突然消失於汪洋大海中。但是，大陸上的居民並未全部滅亡，有一部分以一種獨特的神奇方式，生活在海洋的深淵之中，有時甚至浮出水面，把正在海面上行駛的船隻拉入海底深淵裡。

諸如此類神話，就像個可怕且揮之不去的幽靈，時不時地出現在報紙、雜誌、電視節目上，爲百慕達三角添上一層又一層的神秘色彩。

對此，許多科學家指出，圍繞著百慕達三角區之謎所編造，種種離奇

古怪的神話，都是爲了迎合部分人的好奇心理而主觀臆造的假說，缺乏科學實證性。如果把超自然神奇力量引入百慕達三角之謎，那麼一切就不再具有科學價值與意義，淪爲帶著過度神話色彩的騙局而已。

美國人庫舍爲了探索百慕達三角之謎，特地和志同道合者在報上登廣告，向國內外廣泛收集相關資料，甚至認真查閱了近百年的《紐約時報》索引，撰寫了一部名爲《百慕達三角——神話與現實》的專書。

書中，庫舍列舉了許多確鑿有力的證據，駁斥某些人編造出來、帶有神話色彩的騙局。研究過五十二起發生於百慕達三角的神秘事故後，他認爲：「企圖找到發生在百慕達三角所有失蹤事件的原因，並不比找尋發生在美國任何一州所有汽車車禍的共同原因更合邏輯。如若不去追尋共同理論，改爲單獨探究每一失蹤事件的情況，神秘的帷幕才可能稍微掀起。」

確實如此。事實上，曾經發生的所謂「神秘失蹤事件」，很可能是誤傳、片面誇大，或純粹出自某些人的有心捏造，沒有充分證據可資證明。

百慕達魔鬼三角海域，因爲層出不窮的巨大災難受到矚目，更促使人們努力探索當中蘊藏的神奇自然奧秘。近幾十年來，全世界科學家不辭辛苦地進行了長期研究，提出許多解答秘密的理論，諸如反旋風、次聲波、磁異常、異常重力場、激烈的海面波動、地震、海嘯、龍捲風、海底開裂、海下「水橋」、宇宙黑洞、地球內部死光、自然雷射、不明飛行物的掠奪、星體特定排列引力等等，眾說紛紜，莫衷一是。

對於以上這些推測，持懷疑和反對意見者頗多。必須承認，它們都不夠完善，也不夠科學，因此截至目前爲止，尚沒有一種理論能徹底揭示出發生在百慕達三角區中全部事故成因。

但我們可以抱著期望，相信隨著現代科學技術的突飛猛進，未來必有一天，人們會徹底揭開這個百年不解的謎題，破譯躲在神秘故事背後、百慕達三角的真正面貌。

PART 6.

提不出解釋的失蹤故事

最後一切希望全都破滅了，

「密涅瓦」號和「達喀爾」號一樣，

永遠地從地球上消失了。

中國南海「魔鬼三角」之謎

這片海域位置，恰好與舉世聞名的「百慕達魔鬼三角洲」的位置遙遙相對，於是中國南海「魔鬼三角」的稱謂不脛而走。

一九七九年五月中旬的某一天，陽光燦爛、清風徐吹，有一艘菲律賓貨輪「海松」號正加足馬力，由中國南海向馬尼拉方向駛去。

可是不久之後，馬尼拉南港「海岸防衛隊」的無線電接收器竟然收到一則緊急呼救信號：「海松」號在台灣以南、呂宋島以北的海域遇難。

由於信號來得非常突然，又消失得十分急促，甚至還來不及報告遇難的原因和當時情況。

之後，搜尋小組火速趕往出事海域，但經過多方搜尋，非但二十五名船員蹤跡全無，就連上千噸重的貨輪也沒有留下半點殘跡。

七個月後的十二月十六日，在「海松」號發出最後求救信號的海面上，由菲律賓馬尼拉開往台灣的「安吉陵明」號貨輪又失蹤了。

不久，一九八〇年二月十六日，距「安吉陵明」號遇難正好兩個月，災難又一次發生，東方航運公司的「東方明尼空」號貨輪在行駛到香港與馬尼拉之間，與陸地控制室的通訊聯絡突然中斷。

短短不到十個月的時間，三艘貨輪在同一海域中神秘失蹤的事件，自然引起了極大恐慌。人們驚奇地發現，這片西起香港、東到台灣、南至菲律賓呂宋島，面積約十萬平方公里的海域位置，恰好與舉世聞名的「百慕達魔鬼三角洲」遙遙相對，於是中國南海「魔鬼三角」的稱謂不脛而走。

中國南海的「魔鬼三角」，確實與百慕達三角有許多相似之處。

首先，這兩個三角海域都是世界上最危險的海域，至今已有大量船隻和飛機在當中神秘失蹤，而且均未留下任何痕跡，無法確定它們失蹤的原

因，只能當成懸案處理。

其次，這兩個海域都呈三角形。

第三，這兩個海域都位於大陸東方，海底地形複雜，海水極深、洋流強勁，經常出現巨浪、海嘯、漩渦、颱風等惡劣狀況。

第四，這兩個海域都是「無偏差線」通過的地方，所謂「無偏差線」，肉眼雖看不到，卻會經常移動，並直接影響著地球磁場。

比較這三次發生在中國南海的船隻神秘失蹤事件，人們發現它們竟有驚人的相似之處。

首先是事出突然，失蹤船隻都是剛發出求救信號後，無線電聯絡就立即中斷，說明災難在沒有任何預兆的情況下突然降臨。

其次，船上的成員們全部失蹤，雖然每艘船上都有許多船員，但事後救援人員多方搜尋，卻從未發現任何一名倖存者，甚至連屍體也找不到。即便不排除屍體被鯊魚吞噬的可能性，不留一點殘骸也是不太可能的。

第三，三起事件中的船隻全蹤影全無，而且在出事地點均未發現任何遺物，比如救生艇、碎片或油漬……等，海面平靜得就像什麼事也沒發生過一樣，實在令人不解。

那麼，這一件件船隻神秘失蹤案的罪魁禍首，到底是何方神聖？

近年來，隨著海洋物理學的發展，科學家們在大洋中發現了許多漩渦。由於南海島嶼眾多，沿岸流、南海暖流、南海環流以及黑潮在此處彙聚，這些都爲漩渦的形成提供了條件。

或許，南海的船隻失蹤事件，與洋流和漩渦有關。但真正的決定性證據，仍有待科學家們的進一步研究。

日本也有「百慕達」？

日本「龍三角」和百慕達「魔鬼三角」同樣隱匿著未知的、恐怖的神秘性，造成眾多船艦及飛機的離奇失蹤事件。

一九五二年九月十八日，日本「妙神丸」漁船返回港口時，漁民們都嚇得半死，形容海面上「惡浪不停翻滾，形成了巨大的穹頂」，非常可怕。

這是怎麼回事呢？原來是因爲海底火山爆發了！

著名的富士山山脈從伊豆半島一直向南，延伸到馬里亞納群島，日本列島大部分的地震都是由它引起。當這片海域的海底火山噴發，海浪喧騰咆哮，能掀起異常可怕的巨浪並形成海嘯，有時還會湧上海岸，爲沿岸村莊帶來嚴重的災難。對此，漁民十分恐懼。

日本科學研究人員對「妙神丸」漁船的報告表示了極大的興趣。在獲得消息的第三天，即一九五二年九月二十一日，航海安全署派出了專屬的考察船，前往調查。

與此同時，東京漁業大學也召集了一批科學研究人員，乘「新陽丸」考察船趕赴「魔鬼海」。

這些科學家都是日本科學界頗有威望的學者，分別來自東京大學、東京教育大學、東京科學博物館和其他研究機構。

九月二十四日，這兩艘考察船先後完成任務安全返回。日本水文地理署的工作人員看著他們提出的考察報告，禁不住開始爲自己派出的「海陽五九」考察船感到擔心。

這艘船也是九月二十一日離開東京的，上面有不少學者，但一連等了幾天，都沒有得到「海陽五九」的任何消息。

消息傳出，整個日本都驚惶不安起來，因爲船上有幾位全國著名的地

質學家和海洋學家，還有二十多名船員。

令人不解的是，這艘考察船自離港後，就連一份電報也沒發回過。派出去尋找的人員陸續回來，他們報告說，除了一座新的火山噴發狀況以外，其他什麼也沒有發現。

不久，日本海事當局正式宣布「海陽五丸」失蹤。在此之前，政府曾派出大批飛機和船隻四處搜尋，最終都毫無線索。最重要的收穫便是在新發現的那座火山附近的海面，找到一些碎木塊，除此之外，連一隻浮筒、一條橡皮艇、一具屍體也沒看見。

這次災難使得日本科學界蒙受了難以挽回的巨大損失，也爲事件本身留下一層神秘莫測的色彩。

人人在問，爲什麼沒有收到「海陽五丸」的任何電文？爲什麼不在最危險的時刻發出呼救信號？

即使海底火山噴得發再凶，也總該在附近海面發現考察船的殘骸和人員的屍體，爲什麼找不到呢？

更加令人驚愕的是，這艘裝有三十噸汽油的考察船，竟然沒有留下一絲一毫的油跡！

看來，「海陽五丸」的失蹤，就好像在百慕達三角的消失事件一樣，是個沒人解得開的謎。

從一九五五年開始，日本人就把這片海域視爲「魔鬼海域」。根據記錄，在風平浪靜的晴天裡，該海域發生過數起百噸以上大型船隻不留痕跡消失的神秘失蹤事件。

爲此，日本政府曾派出一艘漁業監視船「錫比約丸」前往調查。豈料，此船在進行了十天毫無結果的海上搜尋後，也突然與陸上導航站失去聯繫，從此再也不知去向。

迄今，這類原因不明的海船失蹤事件已多次上演，據日本海上保安廳航行安全科調查，僅一九六三年到一九七二年，短短九年時間，就有一百六十一艘大小船隻突然失蹤。

如同百慕達「魔鬼三角」那樣，船隻和飛機進入日本「龍三角」水域

時，經常會出現羅盤失靈、無線電通訊故障或中斷等現象，也會碰上突然出現的巨浪、海霧、狂風、漩渦，以及湧出的濃霧。這裡也經常出現「三角浪」，即巨浪同時從三個方向向船隻打來。

從海底地貌等自然條件來看，日本「龍三角」與百慕達「魔鬼三角」這兩處海域相差無幾。同時，它們也都同樣隱匿著未知的、恐怖的神秘性，造成眾多船艦及飛機的離奇失蹤事件，令人不寒而慄。

這就是位於日本的「百慕達」傳說。

找不到肇事者的船難

來船撥轉船頭向著本船船頭直衝而來，這情形就有如在高速公路上西側行駛的車輛，突然橫到對向車道來了。

大海上的怪事層出不窮，其實也未必都發生在百慕達三角海域。

在遼闊的大西洋上，兩艘裝有當時最先進導航儀器的海輪相向駛進。彼此早在十幾英哩以外便透過雷達裝置看到了對方，可是，一路小心避讓的結果，卻還是撞個正著，怎麼會發生這樣的怪事？

事情發生在一九五六年七月二十五日，星期三。這兩艘不幸相撞的船，一艘叫「陀里亞號」，屬於義大利航業公司所有，一艘叫「斯德哥爾摩

號」，屬於瑞典瑞美公司所有。

前者於一九五一年六月在熱那亞下水，配有當時最先進的全套儀器與裝置，號稱「無論天氣如何惡劣，都可以平穩航行」。

後者的設備在那時也是一流的，而且還有特別堅硬的船頭，以便在北極圈的海域破冰前進。

兩艘船的船員也同樣無可挑剔，個個都是精兵強將，既有豐富的航海經驗，又極富責任心與紀律性。

至於兩船的船長，更是毋庸置疑。

「陀里亞號」的船長卡拉美，時年五十八歲，擁有四十年航海的輝煌紀錄，戰時曾任海軍司令，自一九五三年一月起即擔任該船船長。他忠於職守但對部下很親近，管理嚴格卻作風民主。該船自首航以來已是第五十一次航行了，五年間從未發生過任何大小事故。

「斯德哥爾摩號」的船長拿騰遜，時年六十三歲，光是替該船所屬的瑞美公司服務，資歷即達四十年。在他那斯堪地納維亞人特有的長型臉上，顯露出的是飽經風霜並與海浪搏鬥後的堅韌及老練。嚴正的神色，則表示出他的慣守紀律，一絲不苟。

星期三下午一時許，「陀里亞號」與「斯德哥爾摩號」在大西洋上相向航行。前者自義大利熱那亞出發，朝紐約行駛，那時距紐約已經不到一個晝夜的航程，位置就在南塔角東一百六十五英哩處。後者則自紐約出海，目的地是丹麥哥本哈根，當時位置在南塔角西二百二十英哩處。

這也就是說，兩船距離當晚十二點相撞時，直線距離爲三百八十五英哩，平均還需走一百九十二．五英哩航程才會相遇。

南塔角的南塔島南四十英哩處有一條燈塔船，它是紐約港設在大西洋近海岸的一個浮動界標，西行的船隻可以由它導向紐約港，東行的船隻則在它的指引下穿行大西洋。

在大西洋的這一帶，每年夏天的氣候變幻無常，但對大半輩子都在與大海打交道的「陀里亞號」卡拉美船長與「斯德哥爾摩號」拿騰遜船長來說，則是司空見慣的事。

因此，這天下午三點，當海上突然發生濃霧，「陀里亞號」進入一片伸手不見五指的水域時，卡拉美並不驚慌，但也更加小心。每當碰到有霧或大風大浪的壞天氣，他都要親自在船橋上指揮，這天自然不例外。

卡拉美下了命令，把航速由每小時二十三海浬，降至每小時二十一海浬，同時要求「陀里亞號」上的專用霧角每隔一段時間就鳴叫一次，還命令特別注意雷達螢幕上的所有動靜。

此時「斯德哥爾摩號」所處水域還未起霧，天氣雖然昏暗有雲，陽光仍不時撥開雲層，照射在海面。船上當值的三副喬安生，是一個極有責任心，工作也很仔細的青年船員，一直小心翼翼地觀察著前面航程上的動靜，即便船長拿騰遜就站在身旁，也未能分散他的注意力。

當夜接近九點，喬安生約莫估計了一下，距離南塔角燈塔船還有五十英哩的航程。於是，他眼睛眨也不眨地緊盯著雷達螢幕。

十時三十分，螢幕左角出現一個小小光點，他知道，這表示在距離十二英哩的前方正有一艘海輪駛來，必須多加留意。

再說到「陀里亞號」，在晚上十時二十分多一點，卡拉美船長也看到螢幕上出現的一個小光點，也同樣知道有一條船正向著自己駛來。他與二副佛蘭齊尼算了一下，此時兩船的距離約爲十七英哩。

於是，在大約相近的時間裡，兩條相向駛近船上的指揮員們，都密切地注意著螢幕上對方光點的漸漸明亮與擴大。

兩條船中，「斯德哥爾摩號」比較靠近海岸，南塔島在左舷方向。「陀里亞號」則離岸較遠，它的左舷方向是廣闊的洋面。按常理，這兩條船的安全交會毫無問題，可是，爲了擴大安全範圍，卡拉美船長仍命「陀里亞號」把航線再往左調節四度。

不過，令卡拉美疑惑的是，當螢幕上的亮點越發明顯時，卻聽不見來船的霧角聲。在這樣的霧夜之中，一片漆黑，卻不響霧角，真是難以想像，而他自己的船，則一直響著霧角。

「斯德哥爾摩號」上，也存在著同樣的疑惑，己方的霧角尖銳嘹亮，可傳至很遠的洋面，可是對方何以悶聲悶氣，不發一聲地駛來？更令人不

解的是，當雙方透過螢幕發現只有五英哩的距離之時，都遍尋不見對方的燈光。

其實，雙方此時都是大開著指示燈的，照理說，五英哩的距離，完全可以憑肉眼辨識，但是彼此卻沒有見到一絲燈光，前方依然是霧漫漫，夜沉沉。

當時，「斯德哥爾摩號」左舷上的紅燈大開著，他們也希望看到來船左舷的紅燈，因爲只有這樣，兩艘即將交會的海船，才會按照國際航行守則的規定，以左舷相向而過，避免碰撞。

過了一會兒，船橋上的電話響了，待在「斯德哥爾摩號」船頂上守望觀察的船員向三副喬安生報告：「左前方二十度發現燈光。」

這時，喬安生用肉眼也觀察到了一個暗紅色的亮點，在左前方不到二英哩處，喬安生立即下令舵轉右方，好使來船清晰地看到本船左舷的紅燈。可是，就在這時，來船的紅色燈光忽然消失，代之而起的是一片綠色燈光。

這是怎麼一回事？喬安生頓覺不妙，因爲這顯示出本船面對的是來船的右舷。換言之，就是來船正撥轉船頭向著本船船頭直衝而來，這情形就有如在高速公路上西側行駛的車輛，突然橫到對向車道來了。

他當即做出反應，將引擎間聯絡通訊器的把手從「前進」位置果斷地扳到「全速後退」的位置，此時，船長拿騰遜正在自己的艙裡，明顯地感到一陣由引擎改變轉向而引起的震動，立刻趕到船橋上來。這是「斯德哥爾摩號」的情況。

「陀里亞號」此時的困惑與緊張也完全一樣，來船何以不鳴霧角，卻突然出現在眼前？眼看著對方的燈光迅速變亮，放大，猛然間，一名船員高聲喊道：「它轉過來了，撞上來了！」

其實，此時對方的船正在採取緊急避讓措施，但在「陀里亞號」看來，「斯德哥爾摩號」是全速地搶到自己的航道上來，並拚命撞來！卡拉美船長當機立斷，發出命令：「趕快躲開！急速左轉！全速後退！」

孰料，此時已躲閃不及，只聽得「轟隆」一聲巨響後，「斯德哥爾摩號」那無比堅硬的鋼角便攔腰插入了「陀里亞號」的船身，猶如一支尖矛

射中大鯨魚一樣。

兩船互相絞纏在一起，在漆黑的海上擦出星星般的火花。這時，「斯德哥爾摩號」的「全速後退」才真正發揮作用，從對方船身中拔出鋼角，「陀里亞號」全然失去控制，開始搖晃下沉。

「見鬼！」卡拉美船長只來得及咒罵出這一聲，便迅速指揮船員放出救生艇與舢板，緊急援救本船的一千一百三十四名旅客。

闖了大禍的「斯德哥爾摩號」自然也參與了援救行動，將對方的旅客轉移過來。只見兩船探照燈大開，人聲鼎沸，哭喊喧嚷，附近有五六條過路船隻聞訊趕來，也參加救助行動。

七月二十六日上午十點正，「陀里亞號」完全沉入海底。

最後清點人數，該船死亡四十三人，多半在撞船瞬間便已喪命。船長卡拉美痛不欲生，抱著與船共存亡的決心準備隨船自盡，在最後一分鐘才被船員硬拉上救生艇。

這是一個不可思議的沉船悲劇，可是，也傳來一則溫馨的小故事。

災難中，一位十九歲的義大利移民安蘇麗在被救上救生艇時，突然跌落大海，一位紐約青年哈德森見狀，奮不顧身跳下水英雄救美。八個月後，兩位青年喜結良緣。

那麼，此次臨近紐約港發生的撞船事故，責任在誰呢？兩家輪船公司相互控訴，提出的證據又都能夠證明自己無罪，於是只得在庭外和解。

可是，到底誰才是真正的肇事者？難道真如卡拉美船長所咒罵的——「見鬼了」？人們絞盡腦汁，始終找不出真正的合理答案。

地中海上的「死亡海域」

西地中海面積並不大，與大西洋相比，氣候條件相對優越。然而，在這片海域失事的船隻，一點也不比飛機的數量少。

遠在歐洲的地中海，也發生過不少神秘詭異事件。

現在，讓我們來看看其中幾則：

「我們正朝巨大的太陽飛去」是什麼意思

一九六九年七月三十日，西班牙各家報紙都刊登了一則消息，一架「信天翁」式飛機，於二十九日十五時五十分左右，在阿爾沃蘭海域失蹤。

相關單位得到消息後，立即到位於直布羅陀海峽與阿爾梅里亞之間的阿爾沃蘭進行搜索。由於那架飛機上的乘員都是西班牙海軍的中級軍官，所以軍事當局相當重視，動用了十餘架飛機和四艘水面艦船。可人們搜尋了大片海域後，只找到了失蹤飛機上的兩把坐椅，其餘什麼也沒發現。

在這次事故發生前兩個月，即同年的五月十五日，另一架「信天翁」式飛機也在同一海域莫名其妙地栽進了大海。

那次事故發生在傍晚六點左右，機上有八名乘務員。據目擊者說，飛機當時飛行高度很低，駕駛員可能是想強行進行水上降落而未成功。機長麥克金萊上尉僥倖還活著，他當即被送往醫院搶救。儘管傷勢不重，但他根本說不清飛機出事的原因。

人們還在離海岸大約一海浬的出事地點附近，打撈起兩名機組人員的屍體，另外五人則始終沒找到。

據非官方透露的消息，那次飛行本來是派一位名叫博阿多的空軍上尉擔任機長的，臨起飛才決定換上麥克金萊。這樣，博阿多有幸躲過了那次

災難。然而好運並沒能一直照顧他，時隔兩個月，已被獲准休假的博阿多再次被派去擔任「信天翁」式飛機的機長。這次，他回不來了。

這是兩起一模一樣的飛機遇難事故——兩架相同類型的飛機，從同一機場起飛，預定由同一位機長駕駛，去執行同一項反潛警戒任務，在同一片海域遇上相同的災難。

但誰也無法解釋，失蹤的「信天翁」式飛機發回的最後呼叫「我們正朝巨大的太陽飛去」，究竟意味著什麼。

四架飛機一起撲向大海

西地中海「死亡三角區」的三個頂點，分別是庇里牛斯山脈的卡尼古山，摩洛哥、阿爾及利亞、茅利塔尼亞共同接壤的延杜夫，以及加那利群島。在這片多災多難的海域，不斷發生著飛機遇難和失蹤事件。

一九七五年七月十一日上午十點三十分，西班牙空軍學院的四架「薩埃塔式」飛機正在進行集結隊形的訓練飛行。突然一道閃光掠過，緊接著，四架飛機一齊向海面栽了下去。

附近的軍艦、漁船以及潛水員們都參加了營救遇難者和打撈飛機的行動。他們很快就找到了五名機組人員的屍體，但是這四架剛剛起飛幾分鐘的飛機爲什麼會朝大海撲去呢？西班牙軍事當局對此沒有做任何解釋，報界的說法是「原因不明」。

有人做過統計，從一九四五年二次大戰結束，到一九六九年的二十多年和平年代裡，地圖的這個小點上竟發生過十一起空難，導致二百二十九人喪生。飛行員們都十分害怕從這裡飛過，他們說，每當飛機經過，機上的儀錶和無線電都會費到奇怪的干擾，甚至定位系統也常出毛病，以致搞不清自己所處的方位。

這大概就是他們把這地方稱作「飛機墓地」的原因吧！

七具屍體和六個西瓜

如果說飛機失事是因定位系統失靈，導致迷航，那麼貨輪的狀況就令

人費解了。因爲任何一位船員都知道，太陽可以用來作確定方向的參照。

西地中海面積並不大，與大西洋相比，氣候條件相對優越。然而，在這片海域失事的船隻，一點也不比飛機的數量少。

這裡發生最早一起有記載的船隻遇難事件，是在一九六四年七月，一艘名爲「馬埃納」號的捕龍蝦漁船不幸遇難，十六名漁民喪生。此事相當奇特，引起了人們各種各樣的猜測，但八月八日，西班牙報紙刊登這則消息時說：「沒有一個合情合理的解釋。」

事情經過是這樣的：七月二十六日二十二點三十分，特納里島的一個海岸電台收到從一艘船上發來含糊不清的呼救信號。但它既沒有報出自己的船名，也未說出所在的方位。二十三點整，該電台又收到一次相同的告急信號，之後就什麼也聽不到了。

第二天上午十點四十五分，海岸電臺收到另一隻漁船發來的電報，說他們在距離博哈多爾角以北幾海浬的地方，發現了七具穿著救生衣的屍體。有人認出他們是「馬埃納」號上的船員。電文還說，七具屍體旁邊，還浮著七個空油桶和六個西瓜，此外什麼都沒發現。

爲了尋找可能的生還者，海岸電台告知那片海域上的船隻，讓他們也沿著前一艘漁船的航線航行。過了一天，一艘漁輪報告說找到了三具穿救生衣的屍體。幾十隻船在這裡又整整搜尋了三天，一無所獲，後來在非洲海邊的沙灘上又發現了兩個人的屍體。

這樣一共找到了十二個人，其餘四人始終沒有下落。

事後人們提出了許多疑問，比如在相隔半小時的兩次呼救信號中，「馬埃納」號的船員怎麼沒能逃生？他們爲什麼兩次都不報出自己的船名和方位？也許那些穿著救生衣的人是被淹死的？可遇難地點離海岸只有一海浬，爲什麼水性嫻熟的船員竟連一個也沒能游到岸邊？

還有人推測說他們是餓死的，但這似乎站不住腳，因爲最先被撈上來的那七名船員頂多在海裡待了九個小時，這麼短的時間，一般不大可能餓死人。還有一種認爲船上發生過爆炸事故，但撈上來的屍體完全沒有傷痕。

任憑人們如何猜測，製造了這場災難的大海始終保持著沉默。

全體船員迷失方向

七月的地中海總是風和日麗，一九七二年七月二十六日上午，「普拉亞．羅克塔」號貨輪從巴塞羅納朝米諾卡島方向行駛。到了下午，不知怎麼回事，貨輪竟掉轉船頭駛到原航線的右邊去了。原來，船上的導航儀奇怪地受到了干擾，船長和所有的船員沒有一個人能夠辨明方向。

出發時船長曾估計，他們在第二天上午十點左右即可抵達目的地，但次日凌晨五時，「普拉亞．羅克塔」號遇上的幾名漁民卻說，這裡離他們要去的米諾卡島，足足有幾百海浬。

很難設想，在這段時間裡，貨輪上所有人都喪失了理智或喝醉了酒，以致連辨認方向的能力都沒有，這又是一起沒人說得清楚原因的海上事故。

提不出解釋的失蹤故事

最後一切希望全都破滅了，「密涅瓦」號和「達喀爾」號一樣，永遠地從地球上消失了。

在地中海的土倫灣海域，一九六四至一九七〇年的二十五年裡，有六艘潛艇失去了蹤跡，而這段時間，全世界其他地方發生的潛艇遇難事件加在一起，也不過十一起。

相比較發現，此時潛艇遇難的比例數委實太高了。在這方面，獲「金牌」的非法國莫屬——六艘遇難潛艇中，有四艘是法國所有。

一九六八年一月二十日，乘有五十二名船員的法國潛艇「密涅瓦」號

在土倫海域不見了。

因此由於這裡的海底有許多深溝，被認為是試驗深潛器性能的好地方，它是被派往該地進行這種試驗的。

消息傳來，法國軍方當即派出三十多艘裝有先進聲納儀的海軍船艦，前往出事地點進行搜尋，偵察飛機和救生機也出動了。美國一艘專門用於海底搜尋工作的船隻「海燕」號，應法國政府的請求，隨後前來協助。兩天前「海燕」號正在尋找在同一片海域裡失蹤的以色列潛艇「達喀爾」號，因工作毫無進展，便投入了新一輪搜尋。

最後一切希望全都破滅，「密涅瓦」號和「達喀爾」號一樣，永遠地從地球上消失了。

人們又開始為解釋兩天內連續發生的兩起失蹤事件提供假設，不過所有假設都很快被法國軍方和專家們否定。

法國海軍一位發言人說：「那種認為它們遭到同一個敵人攻擊的假設，就像它們失蹤本身一樣神秘，異想天開。」

專家們則堅定地認爲，兩艘潛艇在兩天內連續失蹤，純屬偶然的巧合，既不是海底某些奇異現象造成，也不是西西里島地震的緣故。

確實，當時西西里島根本沒有任何地震活動。

最有意思的是法國國防部一位發言人的話：「種種跡象使人們可以肯定地認爲，潛艇是遇難了。」

除此之外，軍方提不出任何有力且科學的解釋。

駭人的陸上「百慕達」

往來車輛不多，路況與天候都十分良好，威魯特卻突然感到一股強大衝擊力迎面而來，瞬間就使卡車偏離了公路，向護欄撞去。

我們都知道，大西洋海域有一處相當詭異的「百慕達三角」，曾經發生過數不清的空難與船難。

其實，在陸地上也同樣存在著一些令人感到恐怖的地方，經常有意想不到的事故於其中發生，所以被稱爲陸地上的「魔鬼三角」。

在美國愛達荷州鄰近麥克蒙的一條州立公路上，經常出現恐怖的翻車事件，司機們都稱它是「愛達荷魔鬼三角」。好幾次，行駛於其上的正常車輛會突然被一股看不見的神秘力量整個掀起，然後重重地摔到地面上，造成車毀人亡的慘劇。

以下，是卡車司機威魯特．白克的恐怖經歷。

那是春季一個晴朗的好日子，陽光暖暖地照著大地，微風輕輕吹拂，威魯特．白克駕駛著一輛兩噸重的卡車，駛上了愛達荷州立公路。

卡車在平坦的柏油路面上飛快奔馳著，很快就來到了被稱作「愛達荷魔鬼三角」的路段。

當時，公路上往來的車輛不多，路況與天候都十分良好，威魯特卻突然感到一股強大衝擊力迎面而來，瞬間就使卡車偏離了公路，向護欄撞去。

慌亂之下，他猛力踩著煞車，可是那股神秘力量仍不罷休，就像從旁襲來的隱形巨爪，狠狠地一把將車子掀翻在公路上。

所幸當時車流不多，沒有波及他人，釀成更大的車禍，受到重傷的威魯特也保住了性命。但無論事隔多久，一回想起這段恐怖遭遇，他仍嚇得渾身發抖，不能自己。

大難不死的威魯特．白克已經算得上是個幸運兒，據統計，已經有十幾個人在「愛達荷魔鬼三角」枉送性命。

明明是一段平坦且寬闊的柏油大道，看來不具危險性，爲什麼釀成這麼多起車毀人亡的事故？

所謂神秘力量的由來，究竟是什麼？

以上疑問，任誰都無法回答，這就是恐怖的「陸上百慕達」傳說。

波蘭神秘的死亡公路

連大型動物也不願意在這個地方停留。因為，這些大動物只要在這個地方一停留，也會感到昏昏沉沉，一不小心就會斷送性命。

波蘭首都華沙附近有一個「魔鬼三角」，是一個讓司機們感到頭疼、恐怖的神秘地帶。

有時候，司機們駕駛著汽車來到這裡，就會忽然感到腦袋昏昏沉沉的，好像是吃了什麼迷幻藥似的。

結果，當然是發生車毀人亡的事故了。所以，司機們寧願多走一些冤枉路，也不敢從這裡經過。

汽車司機們不敢在這個地方駕駛，連豬、狗這樣的大型動物也不願意在這個地方停留。

因爲，這些大動物只要在這個地方一停留，也會感到昏昏沉沉，一不小心就會斷送性命。

不過，像鳥、蛇這些小型動物，在這個地方卻生活得很好。

生長在這個地方的植物又如何呢？

植物的情況和動物一樣，有些植物生長得很好，有些卻無法在此生存。

像蘋果樹、棗樹、杜鵑花這樣的植物種在這兒，沒有多久就會死掉，可是，像楓樹、柳樹、桃樹這樣的植物，在這裡卻長得非常茁壯。

另外，還有一項特別之處，那就是這個地方的蜂蜜產量，要比附近其他地方多出三〇%。

科學家們爲了想揭開其中的奧妙，曾經進行了大規模的考察和研究，也對此現象提出一些科學性的看法，他們認爲，這種現象的產生是由地下水脈所造成的。

可是，科學家們卻沒有辦法搞清楚，這裡的地下水到底跟別的地方的地下水有什麼不一樣，它是怎麼造成這種奇怪現象的。對科學家而言，這又是一個難解之謎。

地下水爲什麼會讓司機和大型動物們感到昏昏沉沉呢？

除了地下水之外，這個「魔鬼三角」是不是有著不爲人知的神秘力量呢？或許，這仍有待進一步的研究吧！

PART 7.

三角地帶蠢蠢欲動的魔力

潛藏於美國五大湖的這股「魔力」
似乎時時蓄勢待發，蠢蠢欲動，
想以各種方式伸出恐怖的魔手。

不可思議的超自然神秘現象

地球上有許多神秘的角落，不時上演著令人顫慄不已或百思不解的「超自然神秘現象」，有「神蹟」，有「靈異現象」，也有「外星人之謎」。

著名的國際太空科學家卡爾．薩根生前曾經把地球形容為「妖魔出沒的世界」，藉這個比喻說明，儘管人類的科技文明已經突破再突破，但是地球上還有許多人類未知的神秘地帶，以及超自然的神秘現象，其中藏匿著人類至今尚未了解的奧秘。

進入二十一世紀，人類的太空科技已經穿透浩瀚的宇宙，直接登陸火星探查火星生命之謎，也將觸角伸向太陽系的其他行星。

這當然是可喜可賀之事，但美中不足的是，我們似乎太過於熱衷無邊無垠的宇宙世界，忽略了自己所居住的地球。可以這麼說，我們對地球的認識，似乎還停留在二十世紀中期的階段。

眾所皆知，宇宙之中最強大的磁場是「黑洞」，連光線都難以逃脫它的致命吸引力，在地球上也有類似這種致命的「黑洞現象」，不管是崇尚迷信的古代人或是講究科學與理性的現代人，都視它們爲「魔鬼盤據的神秘地帶」。

地球上有許多「魔鬼盤據的神秘地帶」，這些神秘地帶由人類未知的超自然力量操控著，傳說有恐怖怪物出沒，有著致命的摧毀力量，而且經常發生無法以科學角度合理解釋的意外事件。

經過這些魔鬼地帶行駛的車輛、船隻、飛機，經常會莫名其妙地遭到詛咒似的災難，造成恐怖的死亡慘劇，或是離奇的失蹤案件，到底這些令人顫慄的神秘力量是如何形成的？

很遺憾的，科學家們至今仍未能解釋清楚。

傳說中「魔鬼盤據的神秘地帶」，最著名的當然是恐怖的百慕達三角，再者是怪事頻頻發生的北美五大湖。

根據資料統計，北美五大湖附近發生船隻遇難事件已經超過五千件，此地不但有「時光隧道現象」，經常發生謎樣的怪火，而且還有令人不寒而慄的恐怖怪物出現……

除此之外，地球上還有許多神秘的角落，不時上演著令人顫慄不已或百思不解的「超自然神秘現象」，當然，其中不乏虔誠信徒所說的「上帝顯靈的神蹟」，異教徒或現代心靈學家所說的「靈異現象」，以及超文明研究者熱烈探討的「外星人之謎」。

這些充斥在地球各處的怪異現象，宛如嘲弄著人類引以為傲的科學文明，正睥睨地挑戰人類的智慧。儘管科學家們進行過一次又一次的勘查、測試、分析，但是，至今大都無法從科學角度提出合理的解釋讓人信服，使得人們不得不將這些不可思議的奧秘視為上帝的神蹟、惡魔的傑作或是外星人的訊息。

這些充斥在地球各處的神秘現象，似乎也說明了宇宙之中隱約有一股無形又未知的力量，不但以神秘的方式關注著人類，有時還會透過各種形式竭力證明本身的存在。

或許就像天體科學家詹姆斯．金斯博士所強調的，「人類對宇宙的了解，將決定人類在宇宙中的地位」，如果人類目前所認知的決定論與因果論不是那麼牢不可破，那麼宇宙之中或是地球之上，還有什麼事情是絕對不可能發生的呢？

神秘的宇宙當中存在著許許多多未解之謎，但是它對我們而言畢竟太過遙遠了，想要理解整個宇宙的奧秘，必須先了解地球，先從地球上的魔鬼地帶和未解之謎開始！

惡魔盤據的北美五大湖

沒有發現船員搭救生艇逃生的痕跡，附近的小島及沿岸，也未發現到漂流的屍體，馬克索利船長與二十九名船員就像被湖水融化一般。

北美五大湖是經常出現超自然現象的神秘地帶，自西而東分別是蘇必略湖、密西根湖、休倫湖、伊利湖、安大略湖，各湖之間互相連接，最後經由羅聖倫斯河通往大西洋。

這五大湖的總面積達二萬六千平方公里，若再加上流入的河川，則面積更廣達六萬平方公里，堪稱世界最大的湖泊區域。

這個廣大的湖泊，致使伊利諾州、印地安那州、密西根州、俄亥俄州、威斯康辛州都擁有冬暖夏涼的氣候。此外，更因爲五大湖擁有密佈的河川網路，造就這一帶在過去躍爲世界上數一數二的工業地帶，水力發電廠比比皆是，同時也使電力科學工業、冶煉工業等依賴電力的工業非常興盛。

但詭異神秘的是，自從三百年前，法國探險家發現五大湖以來，這個地區卻頻頻傳出飛機、船隻遇難的慘事。原住民印地安人的歷代祖先，也認爲五大湖是「惡魔盤據的地帶」，據說當地印地安人在湖中打漁時，船隻常會被一股神秘力量拖進湖中。

一九七五年十一月十日，一艘二萬六千噸級的「費芝傑拉特號」貨輪，行駛於美國五大湖之一的蘇必略湖中，竟然離奇失蹤。當時，這艘貨輪滿載鐵礦，正要駛向底特律。

「費芝傑拉特號」神秘消失之前，蘇必略湖的湖面一片平靜，自銀港啓航已近四小時，一切都很順利。但是，正當船隻要駛進懷特費修灣時，雷達突然出現不尋常的狀況，甚至完全不能使用，當時的天候良好，船上人員無從找出故障的原因。

馬克索利船長立刻發出緊急無線電：「這裡是費芝傑拉特號，我們的雷達故障，請爲我們帶路……」

下午七點十分，航行於蘇必略湖的安德森號接到這個訊息，庫帕船長立刻以無線電答覆，並快速趕到可用肉眼看到費芝傑拉特號的地點。庫帕船長後來描述，當時他的眼中，很清楚的映著費芝傑拉特號的影像，而且在兩船接近的途中，兩位船長還不時以無線電互通訊息，費芝傑拉特號船隻本身也毫無問題。

但是，恐怖的事情發生了，大約十分鐘後，安德森號的雷達人員突然驚叫出聲：「費芝傑拉特號不見了！」

就像瞬間蒸發一樣，庫帕船長聞聲立刻趕到甲板上，沒想到相隔不到數分鐘的時間，那艘巨大的貨輪居然自他的視線中消失得無影無蹤，連無線電通訊也告中斷。

庫帕船長說，就算當時發生某種事故，這艘巨大的貨輪也不可能在如此短暫的時間中沈沒。

感到過於不可思議的庫帕船長，立刻將船隻迅速駛向費芝傑拉特號原先所在的地點，卻未看到救生艇與船員的蹤影。

庫帕船長連忙將費芝傑拉特號消失的消息傳送到湖岸的警備隊，警方獲報後馬上派人前往出事現場，另外，接獲此項消息的其他船隻，也急忙趕往現場救援。

數小時之後，五艘船隻與三架水上飛機在失蹤地點展開搜索，但是，湖面上卻無任何蛛絲馬跡，沒有漂流物，也沒留下油痕！如此巨大的貨船，就這樣「消失」於茫茫大海中。

儘管搜索人員不分晝夜進行搜索，卻毫無費芝特拉傑號的線索。值得注意的是，三架水上飛機在搜索告一段落，正要打道回府時，卻遭遇到非常怪異的現象，而在湖上墜毀。

據事後的失事報告描述，當時三架水上飛機飛向回程，前方出現類似黑雲的物體，但是行蹤詭異，時而膨脹時而縮小，似乎要將他們吞噬進去一般。在這段期間，水上飛機發生劇烈的震動，儀器表也感覺出異樣的氣

氛。當時，機上的飛行人員大感不妙，跳出機外後，卻以出人意外的速度朝蘇必略湖而去，人機皆亡。

兩年後，一九七七年八月一日，神秘失蹤費芝傑拉特號終於被發現了。但是，全長達二百二十二公尺的這艘巨船，卻像是被刀子切成兩半一般，整齊地斷成兩截，橫陳在水深一百七十公尺的湖底。更令人不可思議的是，在沈沒的船骸中，根本找不到船上人員的遺體。

搜索人員沒有發現船員搭救生艇逃生的痕跡，附近的小島及沿岸，也未發現到漂流的屍體。換言之，馬克索利船長與二十九名船員就像被湖水融化一般，毫無音訊可尋。

無法解釋這種詭譎現象的「湖泊運輸委員會」，對於這個神秘事件所下的結論是：「費芝傑拉特號是因意外觸礁而沈沒」。但是，在此事件發生前後，許多船隻的航行路線與費芝傑拉特號相同，卻都順利通過，而且，過去也從未發現足以使船隻觸礁的暗礁。

親身經歷這次神秘失蹤事件的安德森號庫帕船長，在回到密西根湖的索特聖瑪麗港之後，曾經談到此事件的詭異之處。

他說：「在費芝傑拉特號失蹤之前，我們還一直以無線電保持連線，而且在這段期間並未發生任何異樣，更沒有足以讓船隻裂成兩半的巨浪。所以，我認爲可能是一種『看不見的力量』破壞費芝傑拉特號的雷達，並在極短的時間內將船隻毀成兩半，再拖入湖底，並且基於某種理由，把船上的人員帶到別處去……」

將費芝傑拉特號毀成兩半，並將船上人員帶到別處的神秘力量，究竟是什麼呢？

異次元空間造成的離奇意外事件

美加兩國軍方至今仍無從得知這些飛機究竟是消失於異次元空間，或是被拖入湖底的魔窟，只能將這裡視為「惡魔盤據的神秘地帶」。

北美五大湖被視爲「惡魔盤據的神秘地帶」，但是，它們與周圍一帶所發生的事件，並未被正式記錄。曾經有人仔細調查報紙上報導過的事件，統計出一個相當驚人的數字，光是從一九七〇年到一九八九年的二十年當中，因毀損、觸礁、火災、沈沒等理由而遇難的船隻數量，居然超過五千件以上。

費芝傑拉特號遇難附近的懷特費修灣，素有「船隻墓場」之稱，而且早在很久以前，以蘇必略湖爲首的美國五大湖，就經常發生船舶或飛機失蹤的事件，許多對此感興趣的研究者認爲，這些意外事件的背後似乎都隱含著一層神秘的面紗。

例如，一九四二年十二月，一艘行走於伊利湖西端的「克雷布科號」油輪，突然被一股巨大的力量拉入湖底！

接獲此項消息後，兩艘沿岸巡邏的警備艇與一架水上飛機立刻趕往現場。但是，這兩艘警備艇與水上飛機似乎也被捲入這場異樣現象之中。首先是天候急劇轉變，突然下起雪來，救援人員視線急劇惡化，無線電也突告中斷。

就在此時，飛在天上的水上飛機，親眼目擊到克雷布科號從湖面消失的一剎那。

不過，克洛卡斯警備艇也並非一路平安順利，因爲一把無名怪火，突然籠罩著整艘船隻；另一艘歐西比號警備船則被一陣白霧包圍，迴轉儀也瞬間發生錯亂，船艙的螺栓更一一脫落。

克雷布科號油輪的失蹤現場，似乎變成一個瘋狂錯亂的空間，在這個「會吞噬船」的地區中，究竟潛藏著何種怪物呢？

而且這股「魔力」似乎有著強大的力量，並非僅侷限在湖面，甚至也擴及空中，因此，使五大湖的空中與周圍一帶，經常傳出飛機失蹤或墜機的不幸事件。

- 一九五四年七月，一架F-94型軍機在迎擊出現安大略湖上空的幽浮時，突然起火燃燒而墜毀。
- 一九五五年六月，一架正飛過蘇必略湖北空的美國軍機，突然在空中解體而墜毀在湖上。
- 一九五九年十月，一架加拿大官方的直昇機，在聖羅倫斯河東方出現異常震動，只好臨時緊急降落。
- 一九六一年三月，一架私人飛機在密西根湖的南部上空，突然發生原因不明的失速而墜落。
- 一九六三年二月，一架由安大略湖往尼加拉瀑布的私人飛機，左翼突然斷裂而墜機。

除了上述意外，一九六〇年九月，更發生了一件噴射戰鬥機在人們眼前與雷達上，瞬間就失去蹤影的事件。

兩架加拿大空軍的CF-100噴射戰鬥機，一前一後飛行於安大略湖的北岸，當時晴空萬里，視線極佳。但是，就在轉眼之間，前方的戰鬥機突然消失蹤影，只是在空中留下一道白色的機雲。

據估計，在一九五二年到一九八三年之間，光是安大略湖，就有十七架飛機、三十四位飛行員，被莫名的「魔力」吞噬！美加兩國軍方至今仍無從得知這些飛機究竟是消失於異次元空間，或是被拖入湖底的魔窟。

穿越時光隧道的幽靈船

在五大湖的各地都會發生過「時光隧道現象」，幽靈船穿越過去的時空栩栩如生的展現在今人的面前。

儘管每次發生莫名事故後，美加雙方都在湖面進行徹底的搜索，卻毫無蛛絲馬跡可尋，只能將這裡視爲「惡魔盤據的神秘地帶」。盤據在五大湖的這股「魔力」擁有我們所無法測知的巨大能量，可以隨時引發出人意表的慘劇。

關於五大湖的恐怖魔力，加拿大交通部曾發表了一個值得玩味的資料。根據這項資料指出，一八七〇年到一九七三年的百年當中，有九百艘以上的船隻遇難，其中的二百件則發生於五大湖。

如此密集的船隻遇難事件，再加上謎樣的怪火現象、不明怪物之頻頻出現，這些怪異事件難道都能以「誤認」、「偶發事件」等籠統的言辭來加以解釋嗎？

我們不妨看看以下的神秘失蹤事件，從中不難理解，潛藏於五大湖這股「魔力」，似乎同時也具有扭轉時空的強大力量，可以引起「時光隧道」的超自然現象。

- 一八九二年十月，大型鋼鐵船格里查號航行於密西根湖的途中，突然消失不見。
- 一九〇二年十一月，英國的邦克諾巴號船隻在蘇必略湖航向休倫湖的途中，忽然失蹤。
- 一九五一年十一月，一架加拿大的私人飛機飛行於蘇必略湖上空時，突然在懷特費修灣上空失蹤。
- 一九五三年八月，一架美國空軍F-86噴射機飛行於密西根湖南方上空

四千五百公尺時，就此失去音訊而失蹤。

● 一九六四年二月，一架飛機在飛越伊利湖上空時，突然消失不見。

● 一九七二年六月，一架PA-31的飛機在密西根湖上空，並未發出求救音訊，就此消失不見。

除此之外，還發生已經失蹤的船隻再度出現在湖中，這種超自然的神秘現象就屬於我們通稱的「時光隧道」現象。

一九八〇年，蘇必略湖經常出現幽靈船。五月的某日早上，一艘小型漁船「查理號」正在幽暗的湖中捕漁時，突然從湖面產生陣陣濃霧，視野頓時惡化，而且周圍的空氣也瞬間變得陰森恐怖，漁夫只好停下手中的工作，等待濃霧散去。

「船！前面有一艘貨船！」

突然一名漁夫發出驚叫聲，眾人朝他所指的方向看去時，果然看見一艘巨大的貨船，正緩緩從濃霧中向他們駛近。

不久，他們發現到船隻寫著「費芝傑拉特號」的字樣。

「啊！什麼？是費芝傑拉特號！」哈里森船長的臉上閃過恐怖的神情，驚叫出聲。

當然，這也難怪他會感到恐懼，因爲眼前這艘巨船，正是在一九七五年十一月，因不明原因而沈入蘇必略湖的費芝傑拉特號；費芝傑拉特號早在五年前就裂成兩半沈入水中。

「這是幽靈船！幽靈船！」

船長與九名漁夫急忙在胸中畫十字，並合手祈求上帝爲他們消災。

就在此時中，周圍的濃霧迅速退得不見蹤影。

「啊！幽靈船不見了！」不久之後，他們睜開眼睛時，費芝傑拉特號輪廓已漸次模糊，宛如融入濃霧中一樣逐漸消失。

是漁民們集體產生幻覺嗎？

早就已沈入湖底的費芝傑拉特號，居然又出現在人們的眼前！難道是這些漁夫看走眼了嗎？

不！目擊過這艘幽靈船的並不只有他們而已。

在蘇必略湖捕魚的人或航行過的船隻，常會在濃霧中看到這艘巨大的貨船，而且每次見到的，都是費芝傑拉特號沈沒前的模樣。難道費芝傑拉特號是從過去的時空回到現在嗎？

除了蘇必略湖之外，其餘的四大湖泊，也常出現幽靈船事件，換句話，在五大湖的各地都會發生過「時光隧道現象」，幽靈船穿越過去的時空栩栩如生的展現在今人的面前。

三角地帶蠢蠢欲動的魔力

潛藏於美國五大湖的這股「魔力」似乎時時蓄勢待發，蠢蠢欲動，想以各種方式伸出恐怖的魔手。

與神秘的百慕達三角海域相同，假如我們進一步在北美五大湖的地圖中，標上意外事件發生地點的話，就會發現到事件發生的密集點，同樣呈現三角地帶。

這三個點就是蘇必略湖的銀灣、密西根湖的芝加哥附近，以及安大略湖的東邊一帶。將這三點用線連起來的魔鬼三角地帶，幾乎涵蓋了發生在五大湖全部異常事件。

潛藏於美國五大湖的這股「魔力」似乎時時蓄勢待發，蠢蠢欲動，想以各種方式伸出可怖的魔手。其中，最常發生的是會突然使船隻和飛機的儀器表發生錯亂的「怪霧」。

一九六六年十二月十九日，法里納駕駛輕型飛機N—二三四七U，飛行於伊利湖南岸一千四百公尺的上空，視界極爲良好。

但是，大約一小時後，天空突然出現一陣濃霧，籠罩整架飛機，法里納立刻與克里夫蘭航空管制中心取得連絡。

他感到慌亂，向塔台報告說：「有一陣怪霧……儀器表都錯亂了，我不知道現在是上升或下降……機體似乎正在不規則旋轉！」

當時，管制中心的雷達也捕捉到這架輕型飛機的蹤影，但是卻發現此架飛機出現在雷達上的光點忽隱忽現，似乎遭遇到某種不尋常的事態。他們聽見法里納語調顯得相當緊張不安：「啊！……不知道是什麼東西……高度下降了……看不見水平線……機體在旋轉……」

他的話尚未說完，無線電就斷了，同時雷達幕上的影子也失去蹤影，看來這架飛機是一邊旋轉，直直墜落。當時，有關方面立刻派搜索小組前往失蹤地點，卻未發現任何飛機殘骸，而且附近的住家也並未看見飛機墜落或聽見任何聲響。

根據氣象局的報告指出，事發當時並無發生濃霧的記錄。所以，許多超自然現象研究者研判，這陣濃霧極可能就是「魔力」的產物。

值得一提的是，長年飛行於五大湖上空的飛行員湯姆．華克，則是僥倖自「魔界」返回人世間的生存者。

一九七七年十一月八日，他駕著飛機自多倫多的愛蘭機場起飛後就毫無音訊，但是，兩天後，被人發現他正如夢遊患者一般，渾身是傷，茫茫然走在多倫多郊外。後來，他被當成精神病患送進醫院，據說他常喃喃說著：「周圍都是濃霧……」除此之外，他對當時的記憶則完全喪失。

自多倫多起飛後就失去蹤影的湯姆．華克，爲什麼會出現在多倫多？爲何他的身上滿是傷痕，又喪失記憶？這也難怪超自然現象研究者會斬釘截鐵的說：「襲擊他的那陣怪霧，一定就是神秘的魔力。」

來自魔力的神秘怪火

這些一再侵襲飛機、船隻與湖岸城鎮的怪火，可以確認並不是自然現象所引發，而是一種莫名的「魔力」。

自古以來，人們就知道五大湖魔鬼三角地帶，隱藏有某種人類至今未不明瞭的「魔力」，這股魔力不僅會引起機船失蹤，甚至也經常引發各種令人顫慄的超自然現象。

其中之一就是怪火現象。五大湖經常發生船隻、飛機突然起火熊熊燃燒著的怪事。

一九六四年六月三十日，一艘二萬噸級的貨船「海星號」行經休倫湖之時，船上的儀表器突然發生異樣，轉眼間整艘船就被青綠色的火焰籠罩，最後完全燒毀。

一九六六年，航行於休倫湖的「但尼爾號」、航行於密西根湖的「布多里號」，也都是遭到怪火侵襲而沈沒。

一九六三年六月九日，在伊利湖畔經營汽車旅館的瑪姬．契瑪女士，經歷了一次令她永生難忘的經驗。

她描述說，這天晚上，突然自夜空下掉下一顆「火球」。火球越過公路，朝湖泊的方向迅速前進，就在此時，突然颳起一陣旋風，將兩棵大樹連根拔起。

大樹壓毀了契瑪女士的汽車旅館與住家，更奇怪的是，大樹突然發火，但是就在即將釀成大火之時，火勢卻突然停止。

很快的，這一幕突發事件平息了，心有餘悸的契瑪女士呆然站在現場，並以茫然的眼神看向天空。

就在此時，她發現低空飄浮著一道相當奇妙的光線，就在同時，她的

鄰人也目擊這個光景。

契瑪女士回憶當時的情形說道：「我總覺得那道光芒是惡魔派來的，而且帶有嘲笑我的意味。」

發生「噪靈現象」之時，也經常伴隨著「怪火現象」，亦即沒有火苗卻突然起火的情形。

因此，研究學者認爲，五大湖所發生的怪火現象，在某種意義上，可能就是一種噪靈現象。

而且，根據調查才得知，不僅湖中常發生這種奇異的火災，連沿岸地區也頻傳怪火事件。

怪火現象當中，最著名的是「芝加哥大火」！這是一八七一年發生於伊利諾州芝加哥的一場大火，造成嚴重傷亡。由芝加哥市警局的檔案記錄上可以得知，在發生大火災的二天前，芝加哥市內就傳出多起原因不明的起火事件。

所以，有人認爲伊利湖畔的怪異現象，可能與芝加哥市內的大大小小發火事件有著密切牽連。

此外，根據親身經歷過芝加哥大火的當地民眾的證言，似乎也可嗅出其中的神秘詭異氣氛。

據說，當整個芝加哥陷入火海之時，天空經常出現青綠色或粉紅色的光芒，地面上佈滿螢光色的光芒。一位目擊者指出：「如果火苗不是從天而降，就是從地底冒出來的。」

總之，這些一再侵襲飛機、船隻與湖岸城鎮的怪火，可以確認並不是自然現象所引發，而是一種莫名的「魔力」。

神秘出沒的恐怖石碑

史匹迪號似乎被一條看不見的繩子，慢慢拖向那塊奇妙石碑的水域，而且船身只稍微震動幾下就瞬間消失了。

安大略湖北方，有一處一百四十四平方公尺的海域，當船隻通過時，會搖晃得非常怪異。

一八○四年，兩艘隸屬於加拿大官方的三桅帆船，「史匹迪號」與「瑪麗小姐號」，同時航行於安大略湖北方。突然，瑪麗小姐號船員發現湖中的一隅似乎有異樣，於是緊急向塞雷克船長報告。

船長立刻命令停船，並派遣船員搭小艇前往調查。當時，船員大都以爲那裡應該是一處淺灘，但是，等到他們仔細調查後，才發現湖面下方約九十公尺處，居然是一塊面積一百四十四平方公尺的岩石。

當他們再進一步調查時，有更驚人的發現。原來這一處並非淺灘，而是自湖底聳立而起的巨大石碑。消息傳開後，立刻吸引許多船隻聞風而來，因爲過去他們從未聽說過這一帶居然存在有這種異物。

加拿大當局擔心這石碑會妨礙來往船隻的航行，因而決定加以排除，但是不論用吊或用推拉的方式，都無法動搖它，後來只好作罷。

當神秘的石碑事件稍微平息後的十一月，史匹迪號再度自多倫多港出發，計劃前往一四〇公里遠的普勒斯基。當時，船上搭載有法官、國會議員，以及一名叫奧格尼卡的印地安囚犯；這名印地安人因殺人罪名，將被送到紐佳斯市接受死刑。船上通常有正副船長，輪流負責指揮。但是，史匹迪號出港之前，理查森船長有一種不祥的預感，於是就力勸同行的官員取消此行。

但是，理查森船長的意見並未被採納，他只好把自己的職位讓與第二

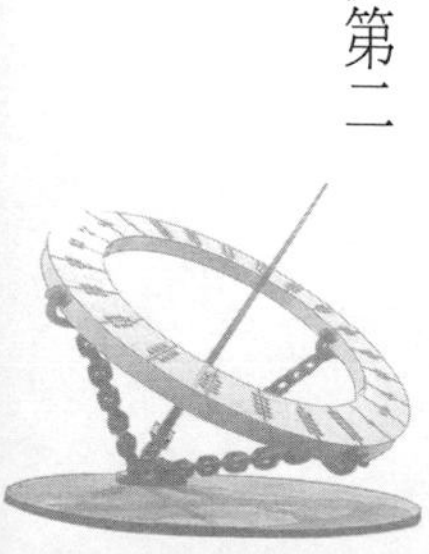

船長湯瑪斯，然後下船離去。史匹迪號仍按計劃出港，但是出航不久，就受到暴風雨襲擊，爲了防止意外發生，警備隊在湖沿岸都燃起漁火，希望把船隻導引到安全地帶。

理查森船長的第六感果然非常準確，史匹迪號出現異常狀況！

史匹迪號似乎被一條看不見的繩子，慢慢拖向那塊奇妙石碑的水域，而且船身只稍微震動幾下就瞬間消失了。

翌日，有關方面展開大規模的搜索，但是，史匹迪號的船身與船員就像根本不存在一般，完全由這個世上消失。

有關方面派遣潛水人員下到湖底調查那塊水域，卻發現一件令人難以置信的事。那就是，原本聳立在水中的那塊巨大石碑，居然消失得無影無蹤，代之而起的則是一片淺灘。

這塊突然出現又突然消失的石碑，究竟是什麼呢？是它造成史匹迪號神秘失蹤嗎？

魔鬼三角區的怪異傳奇

這些連連出現的怪物，都是生物學上不存在的，所以，有人懷疑五大湖所隱藏的「魔力」，可能也已波及到生物。

五大湖沿岸常有不知名的怪物出沒，已是眾所公認的事實，最具代表性的就是大腳怪物。

北美西部與加拿大西部是大腳怪物的主要棲息地，牠們經常出沒的地帶就是五大湖沿岸地區。

不過，這裡的大腳怪物似乎比別處更不尋常。例如，這裡的大腳怪物常選在暴風雨與雷聲大作的晚上出現，更奇怪的是，往往在一陣閃光或奇

妙的光芒後，大腳怪物就突然消失。

另外，在密西根湖畔的森林地帶，常有人用槍射擊大腳怪物。但是，當大腳怪物中彈時，卻立刻消失無蹤。

位於五大湖南岸的俄亥俄州，更是怪物經常出沒的地方。據說，克里夫蘭的河岸隧道中，棲息著一頭身高三公尺，並有一雙綠眼的獸人，在俄亥俄巴雷一帶則經常出現怪異的巨鳥。

另外，有人曾經繪聲繪影表示，自己在俄亥俄河看見一隻會用雙腳直立步行的「青蛙」；在伊利湖畔的沼澤地帶，據傳棲息有全身長滿魚鱗狀肌膚的「半魚人」。

這些連連出現的怪物，都是生物學上不存在的，所以，有人懷疑五大湖所隱藏的「魔力」，可能也已波及到生物。

儘管五大湖頻頻傳出怪事，但是卻沒有科學家探究，直到一九七〇以後，才逐漸受到人們重視。

這完全得歸功於居住在多倫多的怪異現象研究家考克蘭的深入研究，

才使五大湖怪異事件得以聲名遠播。

現在，就讓我們來回顧考克蘭所整理的，過去在北美五大湖魔鬼三角區域所發生的怪異事件。

- 一八七一年，安大略湖出現「光球」，同時發生地震，怪光朝聖羅倫斯河的方向移動，地震也朝相同方向移動。
- 一八〇四年四月，史匹迪號在安大略湖東端突然失蹤。
- 一八七二年六月十八日，牙買加號帆船在安大略湖東端，突然被怪異的龍捲風襲捲而翻覆。
- 一八八九年五月，在安大略湖失蹤的巴伐利亞號，突然被人發現觸礁，但船上人員完全失蹤。
- 一八九九年八月，塞畢吉號船隻自休倫湖南邊出港不久，湖面突然吹起暴風，致使船隻沈沒，全部的時間只有七秒。
- 一九一三年二月，包括天文學家在內，許多人在安大略湖岸，目擊到正編隊飛行的幽浮。

●一九四二年十二月，在伊利湖西岸，克洛卡斯號警備艇被一把無名怪火燒燬而沈沒。

●一九四九年九月，停靠在安大略湖東岸的諾洛尼克號輪船突然起火燃燒，造成許多人死亡，起火原因不明。

●一九六四年六月，「海星號」船隻航行於安大略湖時，突然儀器表發生異常，無法看清前方，船隻只好下令折返，沒想到整艘船卻陷入青綠色的火焰中，瞬間就沈沒。

●一九六六年十二月，一架飛行於伊利湖南岸的私人飛機，只留下一句「現在分不清方向感」，就此杳無音訊。

●一九七一年十月，一架飛機在休倫湖與密西根湖之間上空，突然撞及一道看不見的牆，造成機身支離破碎而墜落。

●一九七四年四月，加拿大交通部的貝爾四七號直昇機，在安大略湖東北沿岸突然發生異樣的震動，並在瞬間起火而墜落。

●一九七五年四月，彼得．華納拍攝到一架神秘的幽浮，正低空飛過安大略湖的水面。

- 一九七五年四月，安大略湖出現幽浮。
- 一九七五年十一月，巨大的貨船費芝傑拉特號在安大略湖因不明原因而沈沒。
- 一九七五年十一月，安大略湖上空出現幽浮。
- 一九八〇年五月，蘇必略湖經常出現費芝傑拉特號的幽靈船。
- 一九八六年十月，在密西根湖南方，發現一艘漂流中的遊艇，但是船長卻失去蹤影。

PART 8.

超自然的神秘地區

鳥類從不在這裡築巢，

牲畜不願在這裡逗留，

乳牛從來也不吃這裡的牧草，

誰也不清楚這些地方為什麼

出現這些超自然的神秘現象。

超自然的神秘地區

鳥類從不在這裡築巢，牲畜不願在這裡逗留，乳牛從來也不吃這裡的牧草，誰也不清楚這些地方為什麼出現這些超自然的神秘現象。

一天夜裡，一個住在巴西的日本移民大川突然發現，停在後院山坡的吉普車竟然自動行駛，衝上了五十多公尺的坡道，把倉庫的牆壁撞出一個大洞。除此之外，他家的傢俱也時常自動挪位。

許多現代心靈學家都判定，這是「噪靈現象」，但也有超自然現象研究學者從科學的角度認爲，這是因爲大川所住的地方是違反物理學原理的「超自然地區」。

車子自行往高處移動的現象，也出現在美國猶他州。鹽湖城郊區有一條長約五百公此的斜坡公路，如果驅車而下，在半道將車剎住，車子會好像被一股無形的力量拉著，往坡頂倒退爬去。如果是將嬰兒車、籃球等輕物件從坡頂放下去，則從未出現這種倒爬坡的現象，也就是說重量越重越容易倒爬，重量越輕則只會往底處行進。

當地許多摩門教信徒都認爲，這是上帝創造的神蹟。

但遺憾的是，存在於地球之上的超自然地區，絕大多數不會被認爲神蹟，而被視爲「魔鬼地帶」。

在波蘭首都華沙附近的一個三角形路段，就是這樣的「魔鬼地帶」。雖然風和日麗，視野極佳，車況路況也好，司機也沒酒後駕車，而是精神抖擻，但一入這裡就會精神恍惚，頭昏眼花，心神不安，全身乏力，失去自制能力，所以這裡經常發生一些奇怪的車禍。

有科學家認爲，之所以會出現這種現象，是因爲司機受到比宇宙射線強好幾倍的地下小脈的輻射所致。

但這種解釋，並不能合理解釋所有的異常現象。

在華沙的這個三角形路段，楓樹、柳樹、常青藤等在這裡長得特別快，而杜鵑花、棕櫚等長得特別慢，至於蘋果、櫻桃等果樹只開花不結果。貓、蛇、貓頭鷹、螞蟻在這裡生活得很好，蜂蜜的產量比別處高三十%，但是鳥類從不在這裡築巢，牲畜不願在這裡逗留，乳牛從來也不吃這裡的牧草。

到目前爲止，誰也說不清楚這些地方，爲什麼會出現這些超自然的神秘現象。

頻頻出現的各種海中怪物

漁民們在加拿大赫里奧特灣看到一個深綠色怪物以驚人的速度在海灣遊弋。遊弋時發生兩道白光和一道紅光。

著名的科學家卡爾·薩根生前曾經把地球形容爲「妖魔出沒的世界」，藉此說明，地球上有許多人類未知的神秘地帶，藏匿著人類至今尚未了解的奧秘。事實上，在神秘的大海就時常出現各式各樣的怪物。

一八一七年，至少三百餘人宣稱在美國麻塞諸塞州一處海港看到一個烏龜頭腦袋、身長四十公尺、粗如啤酒桶的暗褐色「蛇怪」。片刻之後，這怪物沉入海中不見了。

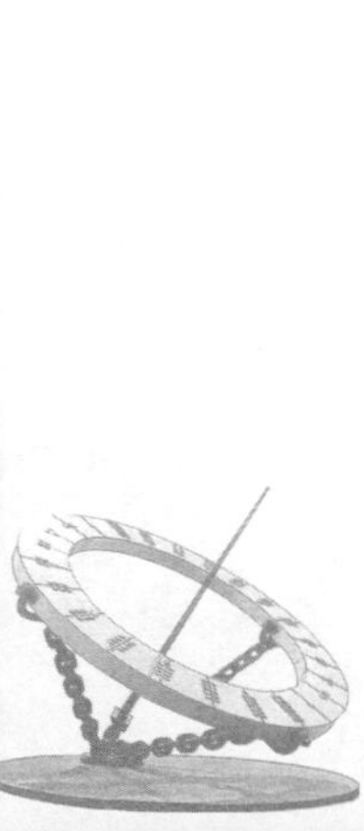

一八四八年八月，英國一艘巡洋艦在非洲南端五百公里海面遇到一個長著二公尺長，海龜頭腦袋、脖子墨藍、身體灰色、脖頸以下部分長著馬鬃狀東西，身長十八公尺的怪獸。一個月後，美國一艘帆船也在這裡發現一個身長三十公尺蛇身龜頭怪物。

一八九七年六月，法國一艘炮艦在阿洛格海灣遇上身長二十公尺、粗約二．三公尺的兩條大蛇。炮艦開炮轟擊，大蛇隨即鑽入水中。

一八九八年二月，該艦又在同一海域遇到這兩條大蛇，炮艦又開炮轟擊，但都沒擊中。

一九〇二年十月，英國船員在幾內亞海灣突然看見一個直徑九公尺、身長六十公尺的龐然大物慢慢浮出海面，後又消失在海中。

一九〇四年四月，法國一艘炮船在越南降龍海灣，突然發現一個巨大海怪，五公尺長的巨海龜頭上長著大鱗片，露出水面的身軀長達三十公尺，全身裹著的柔軟黑皮上，點綴著大理石斑點，噴起的水柱高達十五公尺，但很快沉入海中。

一九一五年七月，德國一艘潛艇在愛爾蘭海岸，突然發現一條巨「鱷魚」從海裡躍出好幾次，然後消失在海裡。

一九一七年九月，一艘輔助巡洋艦在冰島東南海域差一點與一個龐然怪物相撞。這個怪物全身黑色，腦袋碩大如牛頭，但沒長耳朵和角，脖子長六公尺，體長十八公尺。

一九三四年，挪威水手艾凱德在格陵蘭海面上，突然看見一條海蛇，頭很小，脖頸細長，身子粗如木桶，彎彎曲曲靈活轉動。

一九四七年十二月，「桑特．克拉拉」號遠洋客輪從紐約開往卡塔赫納途中，一個頭寬七十五公分、長一．五公尺、粗〇．六公尺，全身暗褐色，無毛的怪物被它撞死。

一九五七年六月，漁民們在加拿大赫里奧特灣看到一個深綠色怪物以驚人的速度在海灣遊弋。牠長十五米，高三十公分，整個脊背都是刺狀物，遊弋時發生兩道白光和一道紅光。

一九六三年，美國海軍在波多黎名群島附近海域演習時，一艘驅逐艦

的聲納器探測到一個不明潛水物發出旋轉螺旋槳的聲音。但因該物體時速高達二百八十公里，奉命追擊了四天四夜多，時速為八十公里的驅逐艦和潛艇只能望洋興嘆。這個神秘的USO卻時隱時現，有時甚至下潛到八千公尺深處。

一九六五年一月十二日中午，一架紐西蘭軍用飛機在開巴拉海灣上空，突然發現淺灘上，有一個三十公尺長的怪物正在游動。

一九六六年，七月的一天晚上，兩個美國人在大西洋突然發現水裡一個怪物伸出一條長頸，頭大如牛頭，沒有角和耳朵，鼓著雙眼，冷冷地看著他們兩人。

一九七三年十一月十二日至十九日，一支遊弋在挪威恩克斯附近海灣的龐大特混艦隊，發現了一艘不明「潛水艇」，艦隊立即封鎖了所有海灣出口，佈下了大批水雷，準備逮住這艘「潛水艇」，但它總是機智靈活地逃掉。那個潛水物浮出水面，所有軍艦的電子儀器立即全部失靈，然後在艦隊實施水下爆炸時突然逃得無影無蹤。

在飛機上失蹤的人

檢察官和科學家曾經懷疑，傑爾德．波達係誤把機門當成洗手間的門，因而失足墜落；然而，這樣的懷疑根本就不成立，因為機門上不但寫有紅底白字的巨大「注意」，而且始終上鎖著。

一九六八年六月十九日，發生了一件極爲神秘詭異的失蹤案件，至今仍讓科學家百思不解。

這一天，美國一架CD—3型客機由伊利諾州起飛，在飛過密蘇里州羅拉北方上空時，一位叫傑爾德．波達的乘客起身離開座位，向機艙後部的洗手間走去，竟然從此消失了蹤影。

過了許久，傑爾德．波達的太太見他遲遲未回座位，便到洗手間一探

究竟，但是洗手間並沒有人，機艙內也不見他的影跡，不禁慌張地請空中小姐幫忙尋找。

隨即，副駕駛卡斯德也聞訊趕來，大家在飛機上找尋，翻遍了每個角落，都找不到傑爾德．波達。

他竟然活生生地在飛機上消失了。

事後，檢察官和對此事感興趣的科學家展開調查與訪談，他們曾經懷疑，傑爾德．波達係誤把機門當成洗手間的門，因而失足墜落；然而，這樣的懷疑根本就不成立，因爲機門上不但寫有紅底白字的巨大「注意」，而且始終上著鎖。

那麼，傑爾德．波達爲什麼會在封閉的空間中失蹤？誰也不知道，這樁懸案至今仍找不出合理的答案。

除了大多數的「永久性失蹤」案例之外，地球上也發生了一些「短期性失蹤」的案例。

一九六八年五月，在阿根廷首都布宜諾斯艾利斯頗爲著名的律師維達魯，和他的太太駕駛著汽車外出度假時，突然在公路上出現一團濃霧。維達魯夫婦通過濃霧之時，神智突然陷入恍惚狀態。

待他們清醒醒來，卻驚訝地發現自己置身在陌生的地方，下車查看時，更發現汽車表面留下了累累的燒痕。

他們向過路的行人打聽才得知，自己竟然來到六千四百多公里之外的墨西哥首都墨西哥城的郊區。

此時，距維達魯夫婦從阿根廷失蹤，已經兩天。

有人懷疑，他們是在濃霧中進入了時光隧道，才會從布宜諾斯艾利斯失蹤，在墨西哥城出現。

也有人認爲，他們是遭到外星人挾持，外星人研究他們兩天後，將他們丟棄在墨西哥城。

事實究竟是如何，誰也說不分明。

一九六三年三月十八日，英國克莎州漢遜高中校園裡，發生一起恐怖的死亡事件。

當天，十六歲的愛琳．珍在眾目睽睽之下，突然像被天空中的某種神秘力量吸著，身體猛然懸升到了十公尺高的空中，隨後又像被扔棄一般墜落地面，當場摔死。

當時，有三十七名學生親眼目睹這幕恐怖顫慄的畫面。

有人懷疑，倘若愛琳．珍在騰空的那一剎那間並未落回地面，那麼，她是否會像其他失蹤者那樣憑空消失掉呢？

恐怖陰森的「中國百慕達」

黑竹溝是山的王國、樹的海洋、水的世界、野生動物的樂園。溝內林海蒼茫，恐怖、神秘、離奇和自然美在這裡並存。

黑竹溝是個陰森恐怖的神秘地域，向來有「中國百慕達」之稱。它是四川省少數民族彝族自治縣境內的一條大峽谷，谷中海拔四千二百八十八公尺的馬鞍山東坡，是一片人跡罕至的原始森林地帶。

許多離奇的怪事都在這裡發生，也經常有飛機在上空失事墜毀。

黑竹溝的關門石異常奇險，經常發生失蹤事件，連獵犬也無法倖免。

有一次，獵人們在此放進四條獵犬，沒有一條生還，全部失蹤。

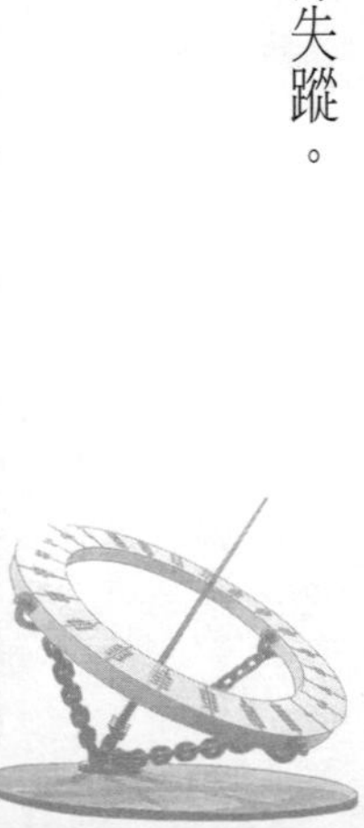

黑竹溝有上下兩洞，下洞深不可測。如果對著洞口大喝一聲，洞裡馬上便會冒出白氣來，而上洞則馬上冒黑氣，陰森可怕。

一九七八年九月下旬，四川省林業廳勘探大隊入溝調查，當日大霧彌漫，兩名技術員在溝內失蹤。次日清晨，勘探大隊和當地村民組成二百多人的搜救隊，結伴沿二人腳跡尋找。

初時，尚見腳印及砍伐植物的痕跡，後又發現二人的草帽及燒火的灰跡，灰跡上有幾個黑熊及豹子的腳印，但並無搏鬥跡象。再往前走，只見兩個巨大的「野人」腳印向林深處伸延而去……

一九六〇年，一個老獵人在馬鞍山打獵，發現一隻詭異的「兩頭獸」，有著花皮毛，頭尾一樣，有兩只扁形嘴，能前後行走，一見到老獵人，便竄進了深林。

一九六六年三月，中共解放軍的一個測繪小組，總共七名戰士入溝考察，結果除一個守旗人未入溝，其餘三人負傷，一人死亡，二人失蹤。根據傷者癒後所談，他們進入林深處，突然大霧彌漫，莫辨東西，老打轉老在原地方，後來精疲力盡，昏迷倒地……

一次，當地廣播局局長到馬鞍山打獵，發現在一個獵猿猴的套子上套住了一隻巨大的鳥。因時間久遠，鳥已腐爛，只存骸骨。它呈褐色的毛翎約一公尺長，羽毛柄有拇指粗，腿有一．五公尺長。

黑竹溝的狐狸出沒的懸崖上長著一個大菌，呈乳黃色，橢圓形，在陽光照耀下不斷變幻色彩，忽而綠得可愛，忽而紅得鮮艷，忽而潔白如雪……，當地稱之爲「千年閃光靈芝」。

馬鞍山主峰西南，有一片怪石遍佈的石林，約二百畝面積，其中每塊聳立的石峰都像動物，馬、牛、羊、雞、犬、豬都有，這種大自然景象何等離奇！

黑竹溝的原始森林裡，有好些深潭、鹹泉、船湖……等神秘的自然景觀。據說，一次有一勘探隊共十二人入溝考察，突然大白天爆發山洪，竟有二人被洪水捲走。

總之，黑竹溝是山的王國、樹的海洋、水的世界、野生動物的樂園。

溝內林海蒼茫，猿啼熊嘯，陷坑、暗河、洞穴都有。恐怖、神秘、離奇和自然美在這裡並存。

一九九四年春，四川省黑竹溝探險協會，聯合有關單位組織五十多名研究人員，由植物學家和礦物學家帶領，深入黑竹溝進行科學考察。經考察，專家們認爲，黑竹溝關門石一帶發生的多起人畜失蹤事件，主要是瘴氣所致。

由於關門石一帶長期陰冷潮濕，且相當封閉，一些腐爛了的動植物散發出的氣味形成了有毒的瘴氣，並積聚起來形成環流籠罩上空，當人畜進入這個領域時便中毒昏迷致死，或因神志不清而跌入深淵。

同時，關門石一帶還有一種「迷魂草」散發出來的香味，也對人的大腦有相當大的刺激作用，容易使人喪失方向感，誤入歧途。

另外，黑竹溝的礦藏豐富，有較強的磁性，容易影響指南針、羅盤等儀器的功能，也是造成人們迷路的一個原因。飛機之所以會在這裡失事，也可能與此有關。

鄱陽湖魔鬼三角

昌芭山湖四面環山，是一個海拔較高且跟鄱陽湖不相通的死湖，相距足足十五公里。中大海從老爺廟下水，怎麼會在昌芭山湖出現？

中國大陸江西省北部都昌縣境內的鄱陽湖，湖形南端寬闊、北端狹窄，就像長頸的葫蘆，懸在長江下游南岸。

鄱陽湖面積足足有三千五百平方公里，平均水深十公尺，是中國第一大淡水湖。它不僅接納江西省五大河的來水，並與長江相吞吐，構成一張四通八達的天然水運網，河渠如蛛絲網結，湖泊塘堰星羅棋布。鄱陽湖年平均總入水量高達一千五百億立方米，湖內有九十種以上魚類，其中經濟

價值較大的包括鯉魚、鯽魚、鰱魚、青魚、草魚等十幾種，另出產貝類、蝦、蟹、蓮藕和湖草，沿湖地帶並盛產糧食和棉花。

所以，鄱陽湖素有「魚米之鄉」美稱。

鄱陽湖色秀美，除了湖上有蝕崖、湖柱、湖心島等奇觀，到了冬天，還會出現世界上稀有的鶴池、天鵝湖、雁湖、野鴨湖，是知名的候鳥觀賞區。古往今來，已有許多文人墨客竭盡自己的才華，對它進行讚美，留下一篇篇不朽佳作。

但，鄱陽湖也是神秘的。千百年來，曾有無數船隻轉眼消失在這片水域，猶如蒸發般再不知去向，給人們留下了一個個難解謎團。

六〇年代初期，一艘從松門山啓程前往老爺廟的船隻，甫出發不久，便在岸上眾多送行民眾的目光注視下，倏然沉入湖底。

一九八五年三月十五日，一艘載重廿五噸、編號爲「饒機四一八三八號」的船舶，於凌晨六時半的初昇晨暉中，莫名沉沒於老爺廟以南三公里處的滔天濁浪裡。

一九八五年八月三日，兩艘同樣隸屬江西進賢縣航運公司的船隻，亦在老爺廟水域遇難，葬身湖底，原因不明。

同年九月，一艘來自安徽省的機動船亦在老爺廟以北突然笛熄船沉，因爲抱著竹木而僥倖生還的船員，全都嚇得魂不附體，不但不敢回望濁浪翻滾的湖面，更完全說不出遭遇船難的可能原因。

一九八六年三月十五日，江西省豐城縣小港鄉一艘編號爲「豐機二九三五六號」的機動船，正於老爺廟水域航行，突然，狂風驟起，惡浪狂湧，頃刻間，便被吞沒沉入湖底。

一九八五年，統計在老爺廟水域沉沒的船隻共有二十多艘。

而一九八八年，據都昌縣航監站負責人透露，又有數十船隻葬身此駭人水域。

現在，來看看二次世界大戰期間，日本軍隊在鄱陽湖的詭異遭遇。

故事發生於一九四五年四月十六日，天剛破曉，便看見一艘插著「太陽旗」的輪船遠遠駛來，原來是隸屬日本軍隊的運輸船，足足有兩千噸的

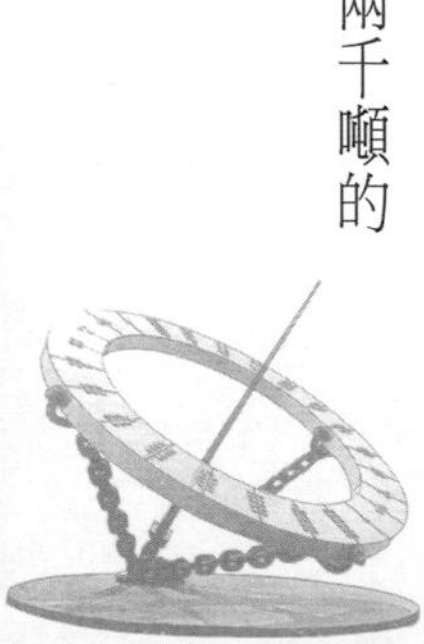

「神戶丸」號。

當時，船上除了兩百八十六位日籍官兵，還裝滿金銀珠寶和價值連城的古董文物，準備經由鄱陽湖進入長江，再順流出海返回日本。但就在離老爺廟約兩公里處，一件奇怪的事情發生了——「神戶丸」號突然失去了動力，停在湖面動也不動，緊接著竟開始進水沉沒。

船上所有日本官兵都被這意料外的狀況嚇呆了，不知如何是好，只能一個勁兒地拚命掙扎呼救。

輪船下沉的速度超乎想像，不一會兒，兩百八十六條人命便隨著「神戶丸」號運輸船，以及價值連城的金銀珠寶、古董文物一起沉入了湖底，再無一點聲音。

駐紮在江西省九江市的日軍指揮部接獲消息，立刻命令軍官山下提昭帶領一支優秀的潛水隊，前往鄱陽湖打撈隨船沉沒的所有珍貴金銀珠寶、古董文物。

老爺廟一帶水深約三十公尺，山下提昭一行人抵達以後，便立刻要求其中一人先到水下看看情況。接獲指派的那名潛水員應了一聲，便毫不猶豫地「撲通」跳進了湖裡。

怪事發生了！隨著時間一分一秒地過去，等了半天，那個潛水員竟沒有回到水面。

山下提昭心下相當納悶，就指著另一名潛水員說道：「你也下去，看看到底發生了什麼事情。」第二個潛水員一聽，也就跟著跳下了水，沒想到同樣無聲無息，一去不復返。

察覺到情況不妙，山下提昭頓時覺得心底冒出一股涼氣，可是任務沒有完成，只能硬著頭皮繼續指派潛水員下水探察，直到身邊只剩下自己。別無選擇，他深深吸了幾口氣，終於也咬牙跳下水。

有去無回的潛水員們究竟碰上了什麼？難道水面下真藏著什麼超乎想像的恐怖東西嗎？

沒有人知道問題的答案，因爲唯一生還者山下提昭在湖邊被人發現的時候，已經因爲驚嚇過度而神智不清，再無法說出自己的遭遇，日本軍方

也因此放棄了對沉船與寶藏的打撈。

對日抗戰勝利以後，一位名叫愛德華．波爾的潛水打撈專家，接受了國民政府的請託，決定前來打撈「神戶丸」號運輸船上的財寶。

一九四六年夏天，愛德華．波爾便帶領著他的潛水隊員們來到鄱陽湖老爺廟水域，開始進行打撈作業。但好幾個月時間過去，非但沒有打撈起任何財寶或者得到線索，甚至還在過程中失去了好幾名隊員，最後只得宣布放棄。讓人感到特別奇怪的是，不管人們怎麼詢問，他們就是不肯透露這一段打撈經過和遭遇。

一直到四十多年以後，愛德華．波爾才在《聯合國環境報》上發表一回憶錄，說出當時在鄱陽湖老爺廟水域碰到的怪事。

「我和三個同伴一起潛入鄱陽湖底，在水下認真地搜尋，奇怪的是竟沒有發現一點船骸，龐然大物『神戶丸』到哪裡去了呢？就在沿著湖底繼續向西北方搜尋的過程中，忽然覺得眼前一亮，不遠處竟出現一道耀眼的白光，並直接射向我。」

「頓時，周遭原本平靜的湖水出現劇烈騷動，耳邊傳來刺耳的怪聲，還沒來得及搞清楚狀況，就被一股強大的吸引力緊緊抓住，身體乃至神志都逐漸陷入了麻木，隨著引力昏昏向前。就在這緊要關頭，我的腰忽然被什麼東西重重地頂了一下，神智猛然清醒，趕緊伸手抱住沉在水底的一個木箱，死命地與引力相抗衡。」

「我看見一道長長的白光，在湖底翻捲游動，夥伴們全都抵擋不住，被吸了過去，再也看不見蹤影……」

因爲幸運抱住了木箱並保持神志清醒，愛德華．波爾這才逃過一劫，撿回性命。湖底的白光究竟因何而起？爲什麼具有如此強大的吸引力？誰也不知道。

在文章結尾，愛德華．波爾寫下了一段頗具深意的文字。「事後，我經過多次測驚覺，這塊水域與『百慕達魔鬼三角』同處於北緯三十度，一個令全世界探險家都感到畏懼的詭異數字。」

北緯三十度有何特殊？爲何能讓身經百戰的探險家害怕恐懼？

縱觀北緯三十度所經之處，不可否認，確實有許多神秘難解的自然現象或巧合存在。

北半球幾條知名的大河，如美國的密西西比河、埃及的尼羅河、伊拉克的幼發拉底河、中國的長江等，都在北緯三十度入海。地球最高的珠穆朗瑪峰和最深的西太平洋馬里亞納海溝所在處，也都相當鄰近北緯三十度。

沿北緯三十度線看去，怪異山河、奇觀絕景信手拈來，比比皆是，以中國大陸爲例，諸如舉世聞名的錢塘江大潮、安徽的黃山、江西的廬山、四川的峨眉山，都是奇異幽深的地理秘境。

除了經常發生空難與船難，放眼北緯三十度，還有很多未解的自然人文謎題或遺跡，像是埃及的金字塔及獅身人面像、成因難辨的死海、百慕達魔鬼三角區、擁有詭異重力場的美國聖克魯斯鎭斜立屋、曾經發生過大規模恐龍滅絕的中國四川自貢市……

北緯三十度，擁有太多詭異、太多撲朔迷離。爲什麼會出現以上種種怪異現象？它們的形成究竟是純粹偶然的巧合，抑或受控於某種未知的內在聯繫？

老爺廟位於鄱陽湖水域中心，坐落在都昌縣落星山東南五公里處的湖岸山坡上。據說數百年前，曾有一顆巨大流星墜落在這裡，所以人們就把那座山命名為「落星」。

根據都昌縣航標站的資料記載，一九七〇年夏天，老爺廟鄰近水域出現了不知名的生物，有些目擊者說，那是一種從來沒有看見過的怪物，模樣就好像幾十丈長的大掃把，也有另一些人說，那怪物看似一條白龍，或者一個張開的大降落傘，而且渾身長滿了眼睛。

儘管說法不一，可所有人都表示當那怪物出現的時候，總是伴隨著風雨雷電，並有震耳呼嘯。

由於相關部門始終未作出建設性解釋，所以有人猜測，是飛碟降臨了老爺廟水域，並在湖底進行秘密行動，從而導致沉船事件不斷。當然，這說法全無科學根據。

一九八〇年，江西省政府組織了專家調查隊，並在鄱陽湖老爺廟水域

建立了三個氣象觀察站，打算徹底查清楚其中可能隱藏的奧秘。

透過文獻記載，調查隊發現，老爺廟水域的沉船事件，總是在人們沒有心理準備的時候突然發生。原本晴朗的天氣會突然轉壞，湖面上瞬間濃霧瀰漫，伸手不見五指，且狂風突起，巨浪滔天，還會聽見嚇人的陣陣怪嘯。最可怕的是，從突然刮起狂風、掀起浪濤，到船隻完全沉入湖底，只不過短短幾分鐘而已。

一九八〇年，調查隊來到鄱陽湖的時候，當地駐軍也同時派出好幾位優秀的潛水員隨行協助。他們潛入湖底仔細地搜尋，但不可思議的事情發生了——找遍方圓幾公里水域，竟連一艘沉船的影子都沒發現！千百年來，明明有無數船隻於此沉沒，爲什麼全都不見了蹤影，就好像一切慘劇從未發生過？

有個潛水夫裡名叫申大海，天生急性子，對此般摸不著頭緒的狀況相當不服氣，心想無論如何都非得查清楚不可，於是一天，他在沒有通報上級的情況下，就擅自穿戴好裝備跳進老爺廟以西三公里的湖心。

陪同的助手小王在岸邊苦等了三個多小時，還是不見申大海回到水面，心知不妙，急忙鳴槍報警。潛水隊員們聽到槍聲，趕到湖邊了解狀況後，立刻潛入水裡分頭搜尋，但毫無收穫，申大海竟消失在湖底，跟那些沉船一模一樣。

第二天下午，一個農民急急忙忙衝進調查隊的辦公室，說自己在距老爺廟十五公里的昌芭山湖畔，發現一具潛水夫屍體。一行人前往一看，那具躺在岸邊草叢裡的屍體，正是失蹤的申大海。

昌芭山湖四面環山，是一個海拔較高且跟鄱陽湖不相通的死湖，相距足足有十五公里，申大海從老爺廟下水，怎麼會在昌芭山湖出現？這根本毫無道理。

計劃周密的調查因潛水員的意外身亡，草草畫下句點。

一九八四年九月，江西省再次組成包括自然、氣象、地質專家和有關人員在內的調查隊，以極爲嚴謹的科學研究態度，對鄱陽湖「魔鬼三角」水域進行全面探索。

經過一連串調查、測試、記錄，以及對當地漁民的頻繁走訪，發現一個規律——老爺廟沉船事故多發生於每年春天的三、四月，不分白天黑夜。另外，出事當時，天候往往良好，陰雨天發生的沉船事件反而極少，而再次對「魔鬼三角」水域進行搜索，則確認了湖底除各種水生動植物，未發現任何沉船，甚至連殘骸都沒有。

是什麼力量造成了一切莫名其妙的詭異現象？難道真有天外來客潛伏於湖底，伺機而行？

所有疑問恰如謎中之謎，環環相扣，複雜懸疑且至今難解，等待將來水落石出的一天。

幽靈船上的財寶

「聖瑪格麗特」號在已知的佛羅里達財寶傳説中猶如一隻「幽靈船」，卻被諸傳躺在不同的地方，檔案館的資料有些地方也模糊不清。

一六二二年九月四日，星期天，一支西班牙運輸艦隊從古巴的哈瓦那港出發。這時正值颶風的高峰季節，但是，艦隊所載的貨物——新大陸的財寶金、銀、農產品，卻是西班牙國內急需的，因此艦隊司令決定冒一次險。

二十八條船組成的艦隊中，有一條六百三十噸重的帆船「聖瑪格麗特」號。在它的艙單上整齊地標明裝有十九塊銀錠，十一萬八千枚銀幣，還有

三十四根金條和金盤共計一千四百八十八盎司，以及銀器、鋼錠、煙草和靛。

船上十四名旅客都帶有各自的珠寶，同時船上還藏有大量的走私黃金和白銀。當「聖瑪格麗特」號離開哈瓦那時，它實際上就是一座浮動的寶庫。

艦隊是在晴朗的天空下出發的，日落時他們到達東去的方位，然後轉向北方趕上墨西哥灣流。突然一股未預測到的颶風邊沿——很小但強而有力，進入了佛羅里達沙洲。

到了星期一黎明時，陣陣狂風吹打著艦隊，起初艦隊還能按照預定的航線前進。到了黃昏，大風逐漸增強爲颶風，在滔天的巨浪中船與船之間的視覺完全消失了。財寶船在狂風怒濤的擺佈下被刮進了佛羅里達沙洲的暗礁和淺灘中，咆哮著的颶風吹散了艦隊，船上的人整夜都在向上蒼祈禱。

在初升的陽光照耀下，海面呈現一幕令人感到恐懼的景象。巨浪怒吼著沖上佛羅里達暗礁，騰空而起，飛濺到遠處的淺灘。

「聖瑪格麗特」號船長向四周瞭望，發現她的姐妹船正在浪濤中掙扎。也就在他觀看的那一剎那，那條船沈沒了。突然「聖瑪格麗特」號劇烈地震動了起來，很快沖上了淺灘，船上的人在巨浪把船擊碎的同時抓住了船上的欄杆和柱子。

當颶風離去，大海恢復平靜時，只有六十八名倖存者在殘骸中漂浮。他們大多數被經過此地的船隻救了起來，其餘的一百二十餘人都失蹤了。颶風在五十海浬長的航線上摧毀了八條船。其中的兩艘，「聖瑪格麗特」號和「亞特查」號分別沈在佛羅里達淺沙灘中被風暴襲擊過的紅樹島西南方大約六至十海浬方圓的海域。

尋找財寶的打撈馬上就開始進行了，但始終一無所獲。直到一個強而有力的哈瓦那政治家佛朗西斯哥·奴奈茲·梅連獲得了一個從西班牙王室那裡得到的合同才開始真正的搜尋和打撈。

一六二六年六月初，梅連的水手使用一個銅潛水鐘，發現了「瑪格麗特」號上的主要壓艙物，接著梅連的打撈者們撈出了一百九十九塊銀錠和

三萬多枚銀幣。

撤退躲避敵對的荷蘭船隻之後，梅連重返沈船處，又打撈起一百五十一塊銀錠、更多的銀幣、一個大錨、八門銅炮、一些鋼和銀製器皿。一六二八年又打撈出三十七塊銀錠、大約三千枚銀幣，但大量的財寶仍然留在海底。

一六二九年打撈季節前，梅連被委任爲委內瑞拉的總督，到加拉卡斯上任，打撈「聖瑪格麗特」號的工作也就因此而放棄了。打撈「聖瑪格麗特」號的清單送到了西班牙，存放在安第斯檔案館，隨著時間的推移，西班牙不斷衰弱，失事的船隻和它們的財寶也就埋葬在佛羅里達淺灘外的沙底被人們遺忘。

一九七一年，一位資深的打撈者梅爾英·A·費西沿著從西班牙檔案館裡搜集到的資料中所提供的線索，發現了「亞特查」號上的大錨和其他一些物品。

但「聖瑪格麗特」號——她在已知的佛羅里達財寶傳說中，猶如一艘

「幽靈船」，卻被謠傳躺在不同的地方，西班牙檔案館的資料有些地方也模糊不清。

一份資料上標明「聖瑪格麗特」號在「亞特查」以西三海浬處，而另一份資料卻把它標在「亞特查」號的東面。

一九八〇年一月，費西在西沙洲召集了一次會議，計劃進一步打撈的步驟。一個緊急情況迫使他下定決心，因爲一個資金充足的競爭者已經在費西發現「亞特查」號的殘餘物附近開始了行動。

後來，費西與另一位打撈者羅伯特．喬丹簽署了一份合同，由他在搜尋中幫助費西。

冬天的沙洲，狂風頻起，但一九八〇年的冬天是合作友好的。幾天來，在「亞特查」號西面用地磁儀搜索卻毫無結果，喬丹於是駕駛著他的船「卡斯第連」號來到東邊搜索。

不久，在一片寬闊的沙灘邊緣，地磁儀在座標圖上繪出了獨特的線條，喬丹選擇在此拋了錨。潛水員發現一個小錨，接著發現了一個六英呎寬的

大鍋。

一個電子儀器引導「卡斯第連」號駛向北方。使他們感興趣的是，他們下一個停船處的海底鋪滿了壓艙石、西班牙陶器、靛的殘餘，被一大塊厚皮包纏在一起的四枚銀幣被打撈上來。

在第一個發現點以北沿岩頭斷層露頭的淺水中，「卡斯第連」的潛水員發現了三大塊很沈的金塊。回到碼頭後，興高采烈的潛水員打開香檳酒慶祝，用其中一塊金塊做攪酒棒。每個人都感到很驚奇，這是一條什麼船，會不會就是「聖瑪格麗特」號？

「維格羅娜」號在費西的公司裡以財寶的發現者著稱。幾天後，費西那高個子、長著紅頭髮的兒子，駕駛著這條幸運的工作船來到一塊可能的地區，戴上水下呼吸器，躍入水中。

這個年輕的潛水員驚奇地看到六塊銀錠整齊地排成兩行，間隔非常勻稱地靠在基岩上。

在清澈的水中視野一覽無遺，他看見一條被壓艙石、鋼錠和密集的裝飾物覆蓋著的，大約二十三英呎長的木船的大部分。繼續在周圍的區域打撈，潛水員們發現了一塊金塊、兩塊很大的銀錠和一個小的銀碗，還有搖沙器、燭台、盤子等……

他們花了很大力氣才把一包重一百零五磅的銀幣拉上船。這些銀幣還保持著原來放在箱子裡的形狀，但那木頭箱子早已腐爛沒了。

拿銀錠上的標誌與「聖瑪格麗特」號的艙單對照後，他們驚喜地發現：這艘船不是別的，正是「聖瑪格麗特」號。

淹沒在大西洋的珍寶

這些船隻卻都載有珍寶。其中還有一批由中國工匠所製作的，越過太平洋運到美洲，再由騾子運到墨西哥的彩瓷製品，有不可低估的藝術價值。

在佛羅里達州大西洋岸邊有一些奇怪的景象，每次風暴之後的第一個早晨，就可以看見許多尋寶者在沙灘上仔細搜尋，希望能幸運地發現一些有價值東西。而這些東西大多來自於近岸暗礁及淺灘上沖上來的西班牙沈船殘骸。

據專家粗略統計，在佛羅里達州海岸，大約有一千二百至二千艘沈船；其中有許多艘，時代可以追溯到西班牙運寶艦隊橫行大西洋，到達南美洲的時候。

從十六世紀中葉到十八世紀間，西班牙船隊都在哈瓦那集中，穿越佛羅里達海峽，順著墨西哥灣向北行駛，過了加羅納時，再趁著西風離開美洲駛回歐洲。

在全盛時期，西班牙海軍曾集合一百艘艦船，每年橫渡一次大西洋，一直持續到十八世紀。當時英、荷正在和法國競爭，其輝煌燦爛的全盛時期也成了隔日黃花，好景不再。

一七一五年五月，兩支小艦隊由烏比雅將軍和艾維茲將軍指揮，在哈瓦那會合。集合在哈瓦那的聯合艦隊，數目不過十一艘，少得可憐。而且船隻本身狀態欠佳，幾乎沒有一艘可以勝任遠航。烏比雅將軍所率領的五艘戰艦中最好的一艘，是原來曾充作英國軍艦的「漢普頓宮」號，之前被法軍繳獲，後來轉贈西班牙。

但這些船隻卻都載有珍寶，其中還有一批由中國工匠所製作的，越過太平洋運到美洲，再由騾子運到墨西哥的彩瓷製品。這些東西都有不可低

估的藝術價值。

在哈瓦那裝船後，十一艘船隻頓露險象，它們全部都吃水過深，船縫使勁地往內漏水。

七月二十七日啓航時，其實已近颶風季節，每艘船隨時都有可能會沈於海底，但艦隊依然向巴哈馬群島以北駛去。

最初幾天，天氣晴朗，陽光明媚，一派溫馨和諧的景象。過了幾天，天氣陡然轉陰，視線模糊。入夜後，強風勁吹，海面巨浪滔天，船若浮萍，隨風搖動，乘客及貨物在船艙裡滾來滾去。翌晨，天空依然一片陰霾，酷熱難忍，天空突然湧出一片紫雲——風暴來了！

艦隊好不容易駛入佛羅里達海峽，不料風勢更加大增。艦隊駛在佛羅里達平坦海岸險峻的珊瑚暗礁與危險的巴哈馬群島淺灘之間，左驚右險，船隻的命運只在須臾之間。

離開哈瓦那後的這一段航程，颶風猛吹，艦身沈重，頭大尾小，各艦在風浪中已經難以駕馭，迅即被吹向佛羅里達海峽，此時桅杆折斷，甲板上全是碎木板和濕透的繩索。

幸運沒有被沖下海去的人都跪在甲板上向上天禱告。後來，烏比雅的旗艦首先觸礁，其他艦隻也跟著觸了礁。

十艘戰艦沈沒，只有「葛里芬」號倖免，因爲它的艦長不遵從命令，繼續向東北航行，因此逃過了暴風。

喪生者一千餘人，損失金銀及其他貨物約值二千萬美元。有些運氣好的生還者被沖上海岸，帶著少量漂流出來的財寶，走向內陸，下落不明。還有人坐著木筏漂流，到達佛羅里達西岸的聖奧古斯丁。

西班牙人立即從哈瓦那及聖奧古斯丁派出八艘船隻，從事大規模打撈工作。他們在卡納維拉岬設了一個營地，並建立了三個倉庫收藏找回的財寶。潛水員只是吸一口氣，便帶著重石頭加速潛入水底，把幾百萬枚西班牙銀幣打撈上來。

海難消息迅速傳抵美國海盜盤踞的牙買加。海盜中有一名綽號黑鬍子的提池船長和另一名簡寧斯船長襲擊西班牙營地，光是簡寧斯一人便劫走

了幾千枚西班牙銀幣。西班牙人於一七一九年返回哈瓦那時，帶回的財寶只是原數的三分之一。

其餘的就在海底埋藏了近三百年無人過問。隨後，這些沈船殘骸就成爲佛羅里達州尋寶工作中歷時最久而收穫最豐富的一個尋寶地點。

直到現在，都還有人在尋寶，佛羅里達州一位業餘尋寶人華格納也因此而享名於世。

華格納於一九四九年搬遷到佛羅里達州沿岸，聽到朋友在海灘上找到錢幣的故事後，便對西班牙沈沒的艦隻大感興趣，他用十五塊錢從陸軍剩餘物資中買到一架地雷測探器，在卡納維拉岬南方約二十五里的塞巴斯丹與瓦巴索之間的海灘上，找到一七一五至一九四九年間鑄造的大量錢幣。

從錢幣發現的地點，他有了關於沈船地點的一套理論。錢幣集中在沿岸不同地點的小水道裡，他猜想在每個地點都有一條沈船。

華格納和一位同事凱爾索在美國各圖書館及研究機構廣泛研究，凱爾索在國會圖書館的珍本書收藏室找到一本重要書籍《東西佛羅里達自然歷史簡介》，它是一七七五年出版，描述一七一五年西班牙艦隊船隻遇難情形，並提及「沈船裡可能還有很多西班牙壹圓及兩圓銀幣有時會被潮汐沖上岸」。

他們兩人與塞維爾的西班牙海軍史蹟館館長取得聯絡，館長供應他們三千張古代文件的幻燈片。

經過研究翻譯後他們獲知了一七一五年海難及打撈工作的全部經過，以及許多殘骸的大略位置。

看起來華格納好像已經找到了有關西班牙沈艦的線索，但是要打撈藏寶還需要許多年的時間。佛羅里達沿岸氣候不佳，每年僅有幾個月能進行打撈，因而使得這項工作變得更加困難。

華格納首先在卡納維拉岬搜查當年西班牙打撈隊的營地及倉庫，用地雷測探器在海難後面的高地經過多日細心搜尋後，探得了一艘艦上的大鐵釘和一枚炮彈。

他在現場挖掘並把一塊半英哩大的遺址繪入地圖，隨後更多的炮彈、

中國陶器碎片和一枚鑲有七顆鑽石的金戒指陸續出土。

從記錄中華格納曉得在高地遺址對面有一艘沈艦。他花了許多天時間，戴上自製面罩浮在一個汽車內胎上，向污泥和海草裡仔細探尋，最後發現了一堆炮彈。潛水下去後又發現了一個大鐵錨，最後終於找到了第一艘沈艦。

現在他已經知道這些古物從上面看是個什麼樣子了，於是立即租了一架專機，從空中逐一細看暗礁及淺灘，尋找其他沈艦。他的空中搜尋工作很成功，把許多艘沈艦的地點都繪入地圖裡。

一九五九年，華格納召集幾位精於潛水的友人，成立了一個「八瑞公司」，當時西班牙一個比索等於八個瑞爾，比索是大銀幣，瑞爾是小銀幣。他們向佛羅里達州申請取得享有尋獲物七十五%的權利，隨後他們利用一艘舊汽艇和一部自製撈泥機，奮力工作了六個月，但始終毫無所得。

他們的熱情頓失，公司也快要破產了，但最後有一位潛水員浮上水面緊握著六根楔形銀塊。其他人都大喜過望，潛入水去，看看究竟能夠在海底找到些什麼寶物。

之後的幾個禮拜裡又找到十五枚楔形銀塊，然後華格納決定帶人到另一個沈艦地點。

從那時起，他的尋寶美夢，終於成爲事實。在第二艘沈艦工作的第一天，發現了一批數量驚人的銀幣，統計價值十一萬美元。

隨後，在暴風後的一天，華格納帶著侄兒來到海灘仔細探查。

當華格納撿拾錢幣時，他的侄兒找到一條金鏈，長十一尺半。此鏈是由二千一百六十七枚金環扣在一起的。還有一條做工精緻的金龍綴在金鏈上，龍嘴張著，是一個可吹響的哨子，龍背上用摺合鉸裝著一支金牙籤，龍尾可以作耳挖。這件寶物後來鑑定是屬於當年烏比雅將軍本人所有，售得五萬美元。

發掘工作繼續數年，公司組織句跟著擴大。海底尋寶最驚人的一次發現，或許是他們撈到幾近完整無損的三十件中國瓷器。西班牙人用特製的「白墩子」瓷土包裝這些精緻的碗、杯，以防破碎。

一九六五年五月三十一日，他們使用自己發明的一種機器，從船的推進器向下方噴射強大水流，這樣當海水澄清後，華格納和他的同事望向海底，目力所及，遍地都是金幣，頓時看得目瞪口呆。能把海底的一層泥沙吹去，又不致吹動他們相信沈在海底的珍貴財寶。

一九六七年華格納把財寶拍賣，獲得一百餘萬美元。

前世今生與生命輪迴

揭開生命輪迴轉世的
神秘面紗

PAST LIVES
AND LIFE CYCLE

南懷明 編著

人死之後，靈魂會透過某種生命輪迴系統的運轉而獲得重生，「前世今生」就是前世靈魂重新進入今世肉體的一種神秘現象。
其中最著名、最不可思議的便是西藏活佛的輪迴轉世。
現代最尖端的心靈科學家則認為，主導生命輪迴的靈魂，是一種會散發特殊訊息的宇宙神秘能量，屬於電磁波一種。
從宗教或哲學的角度來說，就是潛藏在我們意識深處的靈性……

生氣不能解決問題 全集

ANGRY CAN NOT SOLVE THE PROBLEM

動不動就發怒，
只會做出讓自己後悔的蠢事

作家茱蒂·布倫曾說：
用生氣來解決問題，就好像提一桶汽油去滅火一樣。

確實，生氣非但不能解決問題，反而還會衍生出另外的新問題，
你又何必和讓你生氣的人一般見識，做出那種「提著汽油去滅火」的蠢事呢？
日常生活中，很多讓人惱怒的事情，實際上並沒你以為的那麼嚴重。
用情緒解決問題，火上加油的結果，只會擴大事端。
大多數容易生氣的人，除了修養淺薄之外，還常常把自己看得太過重要，才會為一些不值得生氣的事情大發雷霆。

容曉歌 編著

印度詩人泰戈爾曾說：
越是有人責備我，我就越堅強；越是面對刻薄的人，我就越懂得寬容。
因為，刻薄的人，有時候是一面自我省思的鏡子，我們可以從鏡子中看到自己曾經刻薄的嘴臉，進而體會到被刻薄的人，那份渴望被寬容的心情

法國文豪巴爾札克曾經寫道：
世上所有德性高尚的聖人，都能忍受凡人的刻薄和侮辱。
其實，有時候，刻薄的人，比那些表面迎逢你的人更有用處，因為，他們的話語雖然尖酸，但卻句句是實話，
他們的行為雖然刻薄，但卻可以當作負面借鏡，讓你學到寬容的處世智慧。

做人寬容，做事就更圓融

向刻薄的人學習寬容全集

LEARNING TOLERANCE

王渡 編著

探索家

01

超神秘的百慕達三角

作　　者　徐向東
社　　長　陳維都
藝術總監　黃聖文
編輯總監　王郡凌
出 版 者　普天出版家族有限公司
新北市汐止區忠二街 6 巷 15 號
TEL / (02) 26435033 (代表號)
FAX / (02) 26486465
E-mail：asia.books@msa.hinet.net
http://www.popu.com.tw/
郵政劃撥 19091443 陳維都帳戶
總 經 銷　旭昇圖書有限公司
新北市中和區中山路二段 352 號 2F
TEL / (02) 22451480 (代表號)
FAX / (02) 22451479
E-mail：s1686688@ms31.hinet.net
法律顧問　西華律師事務所・黃憲男律師
電腦排版　巨新電腦排版有限公司
印製裝訂　久裕印刷事業有限公司
出 版 日　2022 (民 111) 年 5 月第 1 版
ISBN◉978-986-389-818-4　　條碼 9789863898184

國家圖書館出版品預行編目資料

超神秘的百慕達三角 /
徐向東著.—第 1 版.—：新北市,普天出版
民 111.5 面；公分. - (探索家；01)
ISBN◉978-986-389-818-4 (平裝)